PAUL LAPIE

DIRECTEUR DE L'ENSEIGNEMENT PRIMAIRE
AU MINISTÈRE DE L'INSTRUCTION PUBLIQUE

POUR LA RAISON

NOUVELLE ÉDITION

PARIS

F. RIEDER et Cie, ÉDITEURS

7 PLACE SAINT-SULPICE

POUR LA RAISON

AUTRES OUVRAGES DE M. PAUL LAPIE

Les Civilisations Tunisiennes (Musulmans, Israélites, Européens). Etude de psychologie sociale, 1 vol. in-16. Paris, F. Alcan. 1898.

La Justice par l'Etat. Etude de morale sociale. 1 vol. in-16, Paris, F. Alcan, 1899.

Logique de la Volonté. 1 vol. in-8°. Paris, F. Alcan, 1902.

La Femme dans la Famille. 1 vol. in-16. Paris, Doin, 1908.

Pédagogie française. 1 vol. in-16. Paris, Alcan, 1920.

PAUL LAPIE

Directeur de l'Enseignement primaire au Ministère de l'Instruction publique

POUR
LA RAISON

PARIS

F. RIEDER & Cie, ÉDITEURS

(Ancienne Librairie E. CORNÉLY)

1921

AVANT-PROPOS

L'idée directrice de ce petit livre, c'est que l'homme peut demander à sa raison une règle de conduite. Écrits à des dates et dans des circonstances différentes, les morceaux qui le composent ne forment ni un tout complet ni un système bien lié. Mais leur intention commune est de défendre, d'exposer et d'appliquer à la vie quotidienne les principes de la morale et du droit rationnels.

Parmi tous les reproches qu'on adresse à la raison, deux sont particulièrement graves : elle n'aurait pas le droit de donner des préceptes, et ses conseils n'auraient aucune prise sur les âmes. A ces deux assertions répondent nos deux premiers chapitres. D'une part, il est légitime, il est nécessaire de donner aux lois sociales un fondement rationnel. Et comme les devoirs sociaux ne sont que des devoirs moraux consolidés par la coutume ou par le pouvoir, ajoutons : il est légitime, il est nécessaire de donner à la loi morale un fondement rationnel. D'autre part, une doctrine rationnelle possède le moyen d'agir sur les volontés : elle est efficace.

Quels sont ses préceptes ? Soyons justes, et, pour être justes, apprenons à juger. Les actions humaines sont déterminées par des jugements. Quand nous jugeons qu'un homme nous est supérieur, nous avons pour lui du respect ; d'un jugement inverse résulte le mépris : il importe donc que nous sachions apprécier la valeur réelle de nos semblables et la nôtre. Le plus souvent nous ne faisons le mal que pour nous venger du mal qu'on nous a fait : il importe donc que nous sachions si réellement on nous a fait du mal. Nous ne prenons l'initiative d'une action malfaisante que si nous nous trompons sur nos droits : il importe donc de savoir quels sont réellement nos droits. Le seul de nos péchés, c'est le jugement téméraire. La vertu, c'est l'art de juger, c'est une faculté rationnelle, c'est l'esprit critique. Voilà pourquoi trois morceaux sont consacrés à définir l'esprit critique, à le défendre contre d'injustes accusations, à énumérer ses bienfaits.

Enfin, le dernier chapitre applique à une action de notre vie quotidienne, à la lecture du journal, les principes posés dans les pages précédentes. La morale rationnelle n'est pas une morale abstraite : elle ne se contente pas de quelques généralités ; elle doit nous fournir une méthode pour résoudre tous les problèmes posés par les incidents de la vie courante ; elle doit nous aider à juger, pour leur accorder le traitement qu'ils méritent, tous les êtres avec lesquels nous sommes en relations. On ne trouvera dans ce livre ni l'examen de tous les problèmes moraux ni, *a fortiori*, leur solution. Mais il était nécessaire de montrer, par un exemple, que la morale rationnelle n'est pas un jeu de la spéculation philosophique, une énigme intelligible aux seuls initiés. La morale est une science, mais c'est une science vivante et populaire.

AVANT-PROPOS
de 'la seconde Édition

En relisant ce livre, vingt ans après l'avoir
écrit, je n'éprouve qu'un regret, celui de
n'avoir pas le loisir d'en reprendre les thèses
pour leur donner plus de vigueur et plus
d'accent. L'expérience n'a pas affaibli ma foi
rationaliste. Les évènements en apparence
les plus miraculeux, dans la vie sociale
comme dans la vie individuelle, s'expliquent
par des causes naturelles : tout le mystère
vient de leur enchevêtrement. Parmi ces
causes, les plus importantes sont les croyances humaines. Il n'est pas de conflit, san-
glant ou verbal, local ou mondial, qui n'ait à
sa racine une erreur ou un malentendu. Notre
devoir est donc de nous éclairer sur nous-
mêmes et sur autrui, d'éclairer autrui sur lui-
même et sur nous. L'action juste suit l'idée
juste.   P. L.

I

DROIT RATIONNEL ET DROIT DIVIN

DROIT RATIONNEL ET DROIT DIVIN (1)

Quel est le principe de la vie sociale ? L'homme a-t-il reçu du ciel les lois qui le gouvernent, ou bien est-il lui-même son propre législateur ? Les lois portées par les hommes sont-elles ou ne sont-elles pas dépourvues d'autorité ? Quelles sont les institutions conformes à la volonté de Dieu ? conformes à la raison humaine ? Jamais peut-être ces questions éternelles n'ont été plus débattues qu'au xixe siècle. Tandis qu'un parti de philosophes et de politiques s'efforçait de donner à l'État moderne un caractère exclusivement laïque, un autre parti ne cessait de répéter que cette entreprise impie est en même temps funeste : l'ordre social est détruit si la société n'est pas gouvernée selon les vues de la Providence ; un droit qui ne serait pas un droit divin (2) ne serait pas le droit. Cette opinion est-

(1) Conclusion d'un Cours sur *la Théorie chrétienne du droit au* xixe *siècle* (Faculté des lettres de l'Université de Rennes, 1900-1901).

(2) Nous appelons *droit divin* le droit qui serait édicté par la révélation et chercherait son fondement dans la parole d'un Dieu révélé.

elle justifiée ? La critique du droit rationnel par l'école théologique est-elle définitive ? Les raisonnements de cette école sont-ils irréprochables ? Voilà ce que nous allons rechercher.

Tous ses partisans, M. Charles Périn (1), M. de Vareilles-Sommières (2), M. Lucien Brun (3) à la fin du siècle, comme au début le vicomte de Bonald ou le comte Joseph de Maistre, construisent la théorie du droit divin sur un plan uniforme : partant de la loi, ils remontent soit à son origine historique soit à son principe moral : ils affirment qu'elle ne doit pas être l'œuvre de l'homme : c'est donc qu'elle est l'œuvre de Dieu. Et ce Dieu ne saurait être que le Dieu des chrétiens. Puis, de ce principe suprême ils redescendent à l'homme : des commandements de Dieu ils déduisent les lois idéales de la société. Examinons tour à tour ces deux moments de leur pensée.

I

Pour remonter du droit à son principe, on peut suivre deux méthodes et poser deux questions, l'une historique : la loi est-elle d'origine divine ou d'ori-

(1) V. en particulier, parmi les nombreux ouvrages de ce publiciste : *les Lois de la société chrétienne*.

(2) *Les principes fondamentaux du droit*. Paris, Guillaumin, 1889.

(3) *Introduction à l'étude du droit*. Paris, 2ᵉ éd. 1887.

gine humaine ? L'autre morale : la loi tient-elle son autorité de la volonté des hommes ou de la volonté de Dieu ?

Au xviiie siècle, le problème historique des origines du droit avait été résolu par la théorie du contrat social : les hommes se sont donné à eux-mêmes leurs lois ; ils se sont mis d'accord, par un contrat, sur les règles de leur vie commune. Pour prouver que Dieu est l'auteur des lois humaines il faut réfuter la théorie du contrat social : c'est bien ce qu'entreprennent les partisans du droit divin. Leur critique tient en trois mots : à leur avis, la théorie du contrat social repose sur un cercle vicieux, sur une erreur psychologique et sur une erreur sociologique (1).

Voici le cercle vicieux : avant de signer leur contrat, les hommes ont dû s'assembler et délibérer : ils ont donc obéi à une convocation ; ils se sont soumis à un règlement fixant l'ordre de la discussion ; si le contrat social crée une loi, il est lui-même l'application d'une loi antérieure : « une loi, ne fût-ce que celle qui règlerait les formes à suivre pour faire la loi ; un homme, ne fût-ce que celui

---

(1) Nous négligeons l'argument qui consiste à dire : cette théorie est le fruit de « l'orgueil humain », c'est une erreur volontairement professée pour « se dégager du devoir de respect et d'obéissance à une volonté suprême et maîtresse ». (V. par ex. L. Bran, *op. cit.*, p. 42).

qui l'aurait proposée, aurait toujours précédé »
l'institution du pouvoir par le contrat (1) : c'est-
à-dire que le contrat n'est pas la source primitive
du droit.

L'erreur psychologique de Rousseau, dit M. de
Bonald, consiste à croire que l'homme est naturellement bon : chaque contractant, en signant le pacte
social, aurait dû faire à ses semblables le « sacrifice
de ses passions personnelles » (2) : mais l'égoïsme
des hommes est trop profond pour qu'ils aient pu
se résoudre à cette abdication. Joseph de Maistre
présente sous un autre aspect le même argument :
abolir l'état sauvage pour lui substituer la société
civile, ce serait prendre l'initiative d'un progrès
que les premiers hommes n'étaient pas capables de
concevoir : si nous n'arrivons pas à créer, par une
entente entre les gouvernements, la « société des
nations » (3), à plus forte raison nos ancêtres n'ont-
ils pas pu, par un contrat, constituer une nation.
La doctrine rationaliste imagine un homme moins
égoïste et plus intelligent que nature : elle pèche
par excès d'optimisme.

Elle commet enfin une erreur sociologique : car

(1) Bonald. *Essai analytique sur les lois naturelles de
l'ordre social,* ou du Pouvoir, du Ministre et du Sujet dans
la Société ; chap. III. 2e éd., p. 107.
(2) *Id.*, chap. II, p. 59.
(3) *Soirées de Saint-Pétersbourg,* 7e Entretien. Ed. de 1821,
t. II, p. 16, 17.

elle croit que l'État est une société artificielle « contingente et volontaire », tandis qu'il est une société naturelle et nécessaire : on ne naît pas associé d'une maison de commerce, mais dès la naissance on est sujet d'un État. Le contrat est l'acte par lequel deux individus échangent leur « avoir », mais par aucun acte ils ne peuvent disposer de leur « être » (1) : l'homme étant social par essence n'a pas à créer la société. Cette opinion de Bonald est aussi l'opinion de Joseph de Maistre : lorsque les hommes croient inventer des lois, lorsqu'ils rédigent des codes ou des constitutions, ils ne font en réalité que donner un corps à des coutumes préexistantes (2). Quant à ces coutumes, on ne saurait leur assigner une date de naissance. Les institutions politiques cachent leur origine comme les arbres cachent leurs racines (3). C'est qu'elles « germent » (4), « végètent » et croissent (5) comme des arbres : les États ne sont pas des constructions artificielles mais des êtres

(1) Bonald. *Essai analytique...*, chap. II, p. 57.
(2) *Considérations sur la France*, chap. VI ; éd. de 1822, p. 86 et suiv. ; *Essai sur le principe générateur des constitutions politiques et des autres institutions humaines*, § III-X, éd. de 1822, p. 5-12. Cf. Ballanche : « Les lois ne se font pas ; elles se promulguent ».
(3) *Du Pape*, 2ᵉ éd., t. I, p. 258. « La souveraineté, de sa nature, ressemble au Nil : elle cache sa tête. »
(4) *Considérations sur la France*, loc. cit.
(5) *Du Pape*, 2ᵉ éd., t. I, p. 133. Cf. *Essai sur le principe générateur...*, § X.

naturels tout comme les êtres vivants. Qu'ils adoptent ou repoussent ces métaphores biologiques, les
disciples contemporains de Joseph de Maistre dé-
fendent la même opinion (1) : la société politique
est une société naturelle : elle n'est donc pas instituée par la volonté des hommes, elle ne résulte pas
d'un contrat.

Cercle vicieux, erreur psychologique, erreur
sociologique, ces trois objections paraissent suffi-
santes (2) pour amener la conclusion : la loi n'est
pas l'œuvre de l'homme, elle est donc l'œuvre de
la nature, c'est-à-dire de Dieu.

Quelques auteurs (3) remontent non seulement à
l'origine des lois mais à l'origine de la société. C'est
ainsi que M. de Bonald, voyant dans le langage la
condition de la vie sociale, veut prouver que le
langage n'a pas été inventé par les hommes, mais
créé par Dieu. « Si le genre humain a primitivement
reçu sa parole... il est de toute nécessité qu'il ait

---

(1) V. par ex. : Comte de Vareilles-Sommières. *Les principes fondamentaux du droit*, ch. XI, XII et suiv. ; Grandclaude, *Principes du droit public*, p. 112.

(2) D'autres objections sont présentées : mais nous pourrions montrer, si le cadre de cette étude le permettait, ou
qu'elles sont sans importance ou qu'elles se ramènent aux
trois arguments qui viennent d'être résumés.

(3) V., outre Bonald, Ballanche (« L'homme ne peut inventer ni sa langue ni ses institutions ») et J. de Maistre :
Soirées de Saint-Pétersbourg, 2ᵉ Entretien, t. I, p. 115,
116, 132

reçu, avec la parole, la connaissance de la vérité morale », c'est-à-dire la loi. « Mais si l'homme, au contraire, a fait lui-même sa parole, il a fait sa pensée, il a fait sa loi, il a fait la société... » (1). Contre cette seconde hypothèse, M. de Bonald invoque le raisonnement et l'expérience. *A priori*, on peut dire : pour inventer le langage, il faudrait être doué d'une intelligence assez développée : or, l'intelligence ne se développe pas sans le langage : pour inventer la parole, il faudrait parler. En fait, la parole ne s'invente pas : elle se transmet : nos enfants ne parleraient pas s'ils n'entendaient pas parler ; les sourds sont muets (2). Ainsi, le langage n'est pas l'œuvre de l'homme ; il vient de Dieu : il nous apporte la loi divine.

Selon les mêmes philosophes le droit trouve dans la volonté de Dieu non seulement son origine mais son fondement. A leur avis, la théorie rationaliste ne justifie pas la loi plus qu'elle ne l'explique

____

(1) *Législation primitive*, éd. de 1802, t. I, p. 53. Cf. p. 54-55.
(2) *Essai analytique...*, chap. II, p. 53. Cf. *Législ. prim.*, t. I, p. 40 ; t. II, p. 145-146 ; *Dém. phil. du principe constitutif de la société*, p. 61 et p. 96, note.

Comment cherche-t-elle à justifier la loi ? En proclamant la souveraineté du peuple, en déclarant légitime toute mesure votée par la majorité des citoyens. Mais, dit Bonald, la volonté populaire ne peut pas porter une loi digne de ce nom : la loi doit « réprimer les passions des hommes » (1) : comment veut-on que la majorité des hommes décrètent la mort de leurs passions ? Comment veut-on que « la digue naisse du torrent » (2) ? Si l'on objecte que le peuple obéira moins à ses passions qu'à sa conscience : c'est donc à Dieu qu'il obéit, riposte M. de Bonald, car la voix de la conscience, c'est l'écho intérieur de la parole divine (3). Mais il est à craindre que cette voix soit rarement entendue : livré à lui-même, dit de Maistre, l'homme « naturel » n'écoute pas sa conscience ; les horreurs de la Révolution nous montrent quelles lois il est capable d'instituer (4).

Négligeons pourtant la valeur morale de ces lois : quelle est leur légitimité ? Votées par une majorité — sinon, par une minorité, « une poignée de factieux dominés par un seul » (5) —, elles imposent à tous des obligations. Pourquoi ? Les hommes sont

(1) *Du divorce*, 3ᵉ éd., p. 293.
(2) *Essai analytique...*, chap. II, p. 57.
(3) *Essai analytique...*, chap. III, p. 109.
(4) *Soirées de Saint-Pétersbourg*, Éclaircissement sur les sacrifices, t. II, p. 428.
(5) *Du Pape*, liv. III, chap. VII ; t. II, p. 147.

égaux : de quel droit mes égaux, prétextant leur nombre, me contraindraient-ils à l'obéissance ? « L'homme ne peut naturellement rien sur l'homme ; l'homme ne doit rien à l'homme » (1). Il n'a qu'un maître : Dieu (2). La loi n'est pas une convention signée par des pairs : elle règle les rapports du supérieur et de l'inférieur (3) : elle impose au second la volonté du premier. Mais comme il n'y a qu'un être supérieur à l'homme, c'est évidemment cet être qui donne à la loi son autorité.

Dira-t-on qu'il suffit, pour justifier une loi, de montrer qu'elle est conforme à la nature ? Mais la nature ne porte aucune loi : « la nature peut manifester ses tendances, ses répugnances, mais elle ne peut en faire par elle-même des règles obligatoires, des impératifs catégoriques. Des lois sans législateur sont un non-sens. Supprimez l'intervention de la volonté d'un être supérieur à la création, il est impossible de concevoir la nécessité morale pour

(1) *Du divorce*, chap. III, p. 101.
(2) *Essai analytique...*, chap. IV, p. 121-122 ; *Législation primitive*, t. I, p. 147.
(3) Bonald, *Essai analytique...*, chap. IV., p. 112 ; J. de Maistre, *Essai sur le principe générateur...*, § 2, p. 2 : Bautain, *Philosophie des lois au point de vue chrétien*, 3ᵉ éd., Paris, 1863, p. 8-10 : « La loi est un certain rapport qui sort de la nature des êtres, le rapport spécial du supérieur à l'inférieur, le rapport de supériorité naturelle » (p. 8). « D'égal à égal, il n'y a pas de loi » (p. 9).

l'homme de suivre les indications de la raison » (1).

Enfin, la raison ne justifie pas toutes les lois justes, ne légitime pas toutes les institutions légitimes : il est impossible de trouver par la raison un fondement suffisant au droit de propriété. Le besoin de vivre, le besoin d'assurer notre propre avenir ou l'avenir de nos enfants (2) n'expliquent pas pourquoi nous pouvons user et abuser d'une chose, pourquoi nous avons sur elle un droit « absolu ». Et cependant la propriété est sacrée. — Il est impossible de trouver par la raison un fondement suffisant au droit de faire la guerre : pour la raison la guerre est une « horrible énigme » (3). Et cependant quand un désaccord survient entre deux nations, la guerre seule peut désigner l'arbitre qui fera cesser le conflit : cet arbitre, c'est le vainqueur : la guerre, c'est la violence mise au service de la justice (4) ; l'homme a donc le droit de faire la guerre à l'homme. — Enfin, il est impossible de trouver par la raison un fondement suffisant au droit de punir : « la justice dans ses vindictes va jusqu'à ôter la vie. Or, comment un homme oserait-il en son nom ôter la vie à un autre homme ?

(1) Vareilles-Sommières, *op. cit.*, IV, 4, p. 23.
(2) L. Brun, *op. cit.*, p. 162.
(3) *Soirées de Saint-Pétersbourg*, 7ᵉ Entret., t. II, p. 33.
(4) Ch. Périn, *op. cit.*, t. II, p. 314 ; v. p. 336 les *Canons de Victoria*.

Puisqu'il ne peut pas la donner, il ne peut l'ôter » (1). Dira-t-on qu'en choisissant leur gouvernement les citoyens lui confèrent le droit de punir, mais ils ne peuvent lui conférer le droit de tuer : nul ne peut, par contrat, renoncer au droit de vivre (2). Et cependant la peine de mort est légitime : « on ne gouverne pas les hommes avec des paroles seulement » (3) ; bien qu'elle porte atteinte à l'inviolabilité de la personne humaine, bien qu'elle soit dangereuse entre les mains de juges faillibles, bien qu'elle ne soit pas une peine réformatrice, la peine de mort est juste parce qu'elle est nécessaire (4). — Si donc la théorie rationaliste ne réussit pas à fonder en droit ces institutions, ce n'est pas que ces institutions soient sans fondement, c'est que la théorie rationaliste est inexacte. C'est Dieu qui donne aux hommes le droit de s'emparer de la terre, aux gouvernements le droit de tuer les hommes : « la guerre est divine » (5), la punition des coupables est une « prérogative divine » (6) ; le droit est juste parce qu'il est divin.

(1) Bautain, *op. cit.*, p. 180.
(2) L. Brun, *op. cit.*, p. 237 et suiv.
(3) Bautain, *ibid.*, p. 177.
(4) L. Brun, *ibid.*, p. 255-260.
(5) *Soirées de Saint-Pétersbourg*, 7ᵉ Entret., t. II, p. 36 et suiv.
(6) *Id.*, 1ᵉʳ Entr., t. I, p. 41.

*
* *

La recherche historique et la recherche philosophique aboutissent au même point : il faut remonter à Dieu pour justifier comme pour expliquer la loi. Mais cette conclusion sert de prémisse à un second raisonnement : il s'agit de savoir quel est le dieu qui donne aux lois humaines l'existence et l'autorité.

Il est vrai que, pour plusieurs représentants de l'école théologique, cette question ne se pose pas. Ils semblent croire que quiconque parle de Dieu entend parler du Dieu chrétien ; ils passent sans transition de la conception métaphysique à la conception religieuse, du Dieu des déistes à la Trinité des croyants. D'autres paraissent professer pour leur religion une sorte d'indifférence : il leur suffit qu'un Dieu quelconque soit l'auteur des lois humaines ; peu leur importe qu'un Code soit inspiré par le paganisme ou le fétichisme pourvu qu'il soit inspiré par une religion : « vous ne verrez pas une institution quelconque, pour peu qu'elle ait de force et de durée, qui ne repose sur une idée divine ; de quelque nature qu'elle soit n'importe : car il n'est point de système religieux entièrement faux » (1).

(1) J. de Maistre. *Considérations sur la France*, chap. X, p. 158. Cf. p. 72 : « Qu'on rie des idées religieuses ou

Sans doute le raisonnement est le suivant : si toutes les religions, même les plus grossières, peuvent donner à des lois une sorte de consécration, la vraie religion donne aux lois des peuples chrétiens le fondement le plus solide. Mais ce raisonnement n'est pas formulé.

Au contraire, M. de Bonald et quelques-uns de ses disciples espèrent prouver que le principe suprême du droit c'est le Dieu de l'Evangile. En premier lieu, ce principe n'est pas le Dieu vague des métaphysiciens ; c'est un Dieu révélé, un Dieu qui parle aux hommes : la loi naturelle présente des incertitudes et des obscurités : aussi en tirerait-on des conséquences contradictoires si Dieu n'en avait traduit « en formules bien arrêtées » les principales dispositions. Une loi révélée est donc « moralement nécessaire » (1) pour suppléer aux lacunes de la loi naturelle. Ainsi raisonne l'abbé Bautain. Mais M. de Bonald va plus loin : « par les seules lumières de la raison » (2) il choisit, parmi les dieux divers dont les hommes croient avoir entendu la voix, la Trinité chrétienne.

Sa démonstration repose sur les propriétés mys-

qu'on les vénère, n'importe : elles ne forment pas moins (vraies ou fausses) la base unique de toutes les institutions durables ».

(1) Bautain, *op. cit.*, ch. VI, p. 111 et 116.

(2) V. le titre de la *Législation primitive*. Cf. **Démonstr. philos.**, ch. XIX, p. 212

tiques du nombre *trois*. « Tout ce qu'il y a de plus
général au monde et dans nos idées est soumis à
une combinaison ternaire... ; trois personnes dans
la société, pouvoir, ministre, sujet ; trois temps
dans la durée, passé, présent, futur ; trois dimen-
sions dans l'espace, longueur, largeur, profondeur »(1). Et Bonald ajoute ailleurs : trois personnes
dans la société religieuse, Dieu, le prêtre et le fidèle ;
trois personnes dans la famille : le père, la mère,
l'enfant ; trois éléments dans l'homme : l'intelligence, les organes et leurs produits ; trois mots
dans la phrase, « le régissant, la copule et le
régime » ; trois personnes dans le verbe : « je, tu,
il ». Le rapport causal, comme les autres, comprend
trois termes : la cause, le moyen, l'effet. Entre la
loi considérée comme effet et Dieu considéré comme
cause, il existe donc un « moyen » : seule la religion chrétienne connaît cet intermédiaire, ce « médiateur » ; seule, entre l'homme et Dieu, elle place
l'Homme-Dieu (2). C'est donc la religion chrétienne
qui donne des institutions sociales l'explication la
plus profonde.

Une sorte de vérification historique confirme ce

(1) *Démonstr. philos.*, ch. XV, p. 189 ; cf. p. 182, 185 ; *Du
divorce*, ch. III, p. 103, etc.
(2) *Législation primitive*, disc. prélim. (t. I, p. 14 et 15) ;
liv. I, chap. III, § 3 (t. I, p. 283), § 8 (p. 286) ; ch. VII, § 7
et suiv. (p. 302) ; *Dém. phil.*, chap. XIX, p. 212.

raisonnement. La preuve que le Dieu chrétien est
l'auteur et le garant du droit, c'est que le droit est
d'autant plus parfait qu'il régit des sociétés plus
chrétiennes. « Il y a oppression de l'humanité dans
toute société politique et religieuse où il n'y a pas
connaissance, adoration et culte de l'Homme-
Dieu » (1) : la polygamie et le divorce oppriment le
sexe faible ; l'infanticide opprime l'âge faible ; l'esclavage opprime les humbles. En revanche, « c'est
un fait qu'il n'y a jamais eu de civilisation au monde,
c'est-à-dire de raison dans les lois et de force dans
les institutions que dans les sociétés juive et chrétienne, les seules de toutes qui n'aient pas eu de
lois fausses, absurdes, atroces, contraires à la nature
des êtres et de leurs rapports » (2). Comment expliquer cette coïncidence de la civilisation et du christianisme ? En disant que le christianisme est le fac-
teur principal de la civilisation : « La chrétienté
n'est la société politique la plus forte que parce que
le christianisme est la société religieuse la plus
vraie » (3). Comme de Bonald, de Maistre fait appel
à l'histoire : où règne la religion chrétienne les
institutions sont plus stables ; même la durée des

(1) *Essai analyt.*, ch. III, p. 100 ; cf. p. 147. *Législat.
primit.*, liv. II, ch. II, § 8 (t. II, p. 26).
(2) *Législ. prim.*, liv. II, ch. 1er, § 10 (t. II, p. 5). Cf.
t. I, p. 200-201.
(3) *De la chrétienté et du christianisme.* Œuvres de Bonald, t. XII, p. 323. Cf. p. 314.

règnes est plus longue (1). De même encore Le Play
affirme que « les peuples se sont momentanément
élevés en pratiquant le Décalogue » et « sont retom-
bés dès qu'ils l'ont mis en oubli ». N'est-ce pas la
preuve que le vrai principe du droit c'est l'auteur
du Décalogue ?

Nous sommes au terme de la régression : la loi
n'est pas d'institution humaine, elle est donc d'institution divine ; son autorité ne repose pas sur la
volonté des hommes, elle repose donc sur la volonté
de Dieu. Et le Dieu qui a fait la loi, le Dieu qui
donne au droit sa légitimité, c'est le Dieu de l'Evangile. — Telle est du moins l'opinion de l'école
théologique.

II

Avant de rechercher quelles sont ses conséquences, examinons la valeur logique de cette doctrine. A-t-on démontré que la loi n'est pas l'œuvre
de l'homme? ou qu'une loi humaine serait destituée
d'autorité ? A-t-on démontré, sans recourir à là foi,
que le guide suprême des sociétés humaines, c'est
le Dieu révélé p . les deux Testaments ?

La société, dit Bonald, n'est pas instituée par
l'homme, car l'homme n'a pas pu se donner à lui-

(1) *Du Pape*, liv. III, chap. V (t. II, p. 133-135).

même le langage, condition de la vie sociale. Mais
les deux arguments qu'il invoque à l'appui de cette
thèse sont également suspects. L'invention du langage supposerait l'existence d'une pensée déjà mûre
et la pensée ne peut se développer sans l'aide du
langage : ce cercle dans lequel Bonald prétend
emprisonner son adversaire n'est fermé que si la
première proposition est vraie. Mais elle est fausse :
une pensée naissante peut inventer un langage enfan-
tin ; un esprit confus peut balbutier. L'erreur de
Bonald vient de ce qu'il ne saisit « aucun rapport »
entre les formes inférieures et les formes supérieures
du langage. Il accorde que l'homme peut inventer
l'écriture hiéroglyphique, « l'écriture des images »,
mais il ne veut pas qu'il ait inventé « l'écriture des
idees, l'écriture phénicienne ou plutôt hébraï-
que » (1). Par malheur pour son raisonnement,
l'écriture phénicienne est dérivée de l'écriture hiéroglyphique : inventeur de l'une, l'homme est donc
l'inventeur de l'autre. — L'expérience quotidienne
confirme ce raisonnement. M. de Bonald fait appel
à cette expérience : il affirme que, s'il n'entend
pas parler, l'enfant ne parle pas ; il affirme que le
sourd ne connaît aucun langage. Mais le sourd, s'il
ne parle pas, essaie du moins de s'exprimer par des
signes visuels ; il donne lui-même un sens à ses

(1) *Essai analytique.* ., chap. IV, p. 124.

gestes : il se crée son langage. Et l'enfant, avant d'apprendre nos mots, associe à certains désirs et à certaines émotions des sons particuliers : il se crée son langage. L'observation, contrairement à l'avis de M. de Bonald, prouve donc que l'homme peut inventer, pour traduire sa pensée, un système de signes.

Dès lors nous pourrions accepter la conséquence aperçue par Bonald lui-même : si l'homme a pu créer sa langue, il a pu créer sa loi : il n'est pas plus difficile d'écrire un Code que d'écrire une grammaire. Néanmoins examinons pour elles-mêmes les objections qu'on oppose à la doctrine de l'origine humaine des lois sociales.

Il serait injuste de soutenir que toutes ces objections sont sans valeur : l'histoire nous fait-elle assister à l'assemblée où les hommes primitifs auraient signé leur contrat? nous permet-elle de supposer, dans une période préhistorique, la réunion d'une telle assemblée? on en peut douter. Le droit n'a-t-il pas préexisté à l'époque où tous les citoyens ont pu concevoir le dessein de diriger eux-mêmes leur activité collective? on peut le croire. Aussi la plupart des disciples de Rousseau conçoivent-ils le contrat social comme l'acte idéal par lequel les hommes devraient constituer leur société plutôt que comme l'acte initial par lequel ils l'ont constituée ; la doctrine du contrat social est plutôt, de nos jours, une théorie morale qu'une interprétation historique (1).

Est-ce à dire que cette doctrine, même sous la forme que lui a donnée Rousseau, soit contraire à la logique, à la psychologie, à la sociologie ? Il n'est pas évident qu'elle commette le cercle vicieux qui lui est attribué par M. de Bonald : une assemblée peut se réunir sans convocation ; n'arrive-t-il pas à des hommes de convier leurs pairs à une réunion sans prétendre leur imposer une loi ? une assemblée peut fixer elle-même le règlement de ses délibérations ; il n'est pas nécessaire qu'elle le tienne d'une autorité préexistante. Il n'est donc pas nécessaire de supposer, avant le contrat social, l'existence d'un droit que le contrat n'expliquerait pas. — De même il n'est pas évident que la doctrine du contrat social s'illusionne sur l'altruisme des hommes primitifs. Si Rousseau exagère les vertus de l'homme naturel, Bonald n'exagère-t-il pas son égoïsme ? Et, même si l'égoïsme est l'unique mobile des actions humaines, le contrat social ne peut-il pas avoir été signé dans l'intérêt des contractants ? ne peut-il pas avoir été signé pour donner satisfaction à leur égoïsme ? La sécurité qu'il leur assure n'est-elle pas un bien

(1) V. par ex. : Fouillée : *La science sociale contemporaine*, p. 12. M. de Vareilles-Sommières (*op. cit.*, XIV. 9) ne paraît pas comprendre cette nouvelle doctrine du contrat social.

qui compense largement le sacrifice de leur indépendance anarchique ? — Enfin il n'est pas évident
que les sociétés soient des êtres analogues aux êtres
vivants : si la doctrine du contrat social exagère le
rôle de la volonté consciente dans la formation des
cités primitives, la doctrine théologique tombe dans
un excès contraire : elle semble oublier que les éléments de la société sont des hommes, c'est-à-dire
des êtres qui désirent et qui pensent, et dont les
désirs et les pensées imprègnent les institutions.
Si l'on entend par société naturelle une société dans
laquelle l'homme serait contraint d'entrer ou de
demeurer, il n'y a pas de société naturelle, car on
peut renier sa patrie et même sa famille (1). —
Ainsi, même si l'hypothèse d'un contrat formel
paraît invraisemblable, la raison humaine a pu
jouer son rôle dans l'institution des lois.

Mais l'hypothèse du contrat social n'est pas la
seule explication rationaliste de l'origine du droit.
L'hydre a plusieurs têtes. Pour avoir le droit de
proclamer que la loi est d'institution surnaturelle,
il faudrait avoir réfuté toutes les doctrines opposées. Or, il en est qu'on ne discute même pas : telle
la doctrine évolutionniste. Déjà M. de Bonald la
méprisait : il faut, disait-il fièrement, que mes théo-

---

(1) C'est-à-dire s'affranchir de toutes obligations envers
ses parents.

ries sur l'origine du langage « soient bien incontestables, puisque pour les combattre on s'est jeté dans l'hypothèse ridicule, si elle n'était monstrueuse, de l'homme né, sous forme de poisson ou d'insecte, de la terre échauffée sous les rayons du soleil.... » (1). Depuis le début du xixe siècle, la théorie évolutionniste s'est perfectionnée, mais elle ne jouit pas d'un plus grand crédit auprès de M. Lucien Brun : « Hobbes et Rousseau, d'autres encore, comme Pufflendorf et Burlamaqui ont enseigné que l'homme s'est élevé de l'état sauvage... à l'état social ; Darwin et ses disciples soutiennent que nous nous sommes élevés nous-mêmes de la nature purement animale à la nature raisonnable, et que l'homme n'est que le perfectionnement du singe. Je n'invente rien, vous le savez. Laissons ces docteurs en face de leurs ancêtres.... ; ils traiteront en famille la question de leurs origines. Nous n'avons, nous, Dieu merci ! rien à y voir » (2). M. de Vareilles-Sommières est plus modéré, mais son jugement n'est pas moins sommaire : « Le point de départ de Rousseau est que l'homme a commencé par l'état sauvage. De nos jours, les darwinistes ont renchéri sur cette idée : l'homme aurait commencé par l'état de singe.... Sur quoi s'appuie-t-on pour

____

(1) *Démonstr. philos....*, p. 61.
(2) *Op. cit.*, p. 42.

repousser les traditions du genre humain, recueil-
lies par le plus antique historien, Moïse, et décla-
rées authentiques par le plus vieux témoin des faits
et gestes de l'humanité, l'Église? Rousseau, pas
plus que les darwinistes, ne fournit la moindre
preuve de ces allégations, que l'histoire et la science
accablent d'objections (1) ». Et, dans une note,
l'auteur qui vient d'invoquer contre le darwinisme
le témoignage de Moïse et celui de l'Église, ajoute
à ces autorités celle de Littré et celle de M. Glasson :
mais il se garde bien de discuter l'hypothèse évolutionniste sur les origines du droit.

Cette hypothèse à son tour serait-elle inexacté,
d'autres explications rationalistes la pourraient
remplacer. Ces explications, l'école du droit divin,
loin de les réfuter, les adopte ! C'est ainsi que
Bonald lui-même nous montre comment l'homme
invente ses institutions : à l'origine les familles
humaines vivent séparées, en guerre les unes contre
les autres ; elles se détruiraient réciproquement
« s'il ne s'élevait au-dessus d'elles, en vertu des lois
générales et nécessaires de la conservation du genre
humain, un être qui eût le pouvoir de soumettre à
un ordre général de devoirs, c'est-à-dire aux lois
d'une constitution et à l'action d'une administration
ces sociétés partielles et divisées (2) ». C'est tantôt

(1) *Op. cit.*, XIV, 2, p. 79.
(2) *Législ. primit.*, liv. II, chap. IX; t. II, p. 73.

par la force, tantôt par la persuasion que s'opère cette fusion des familles : un danger commun les ayant réunies, « il s'élève un homme fort en paroles et en actions » : c'est le chef. Et l'expérience se répète tous les jours ; un accident provoque-t-il un attroupement dans la rue ? aussitôt « il s'y montre quelque homme plus intelligent, plus hardi ou plus fort » qui dicte aux autres leur conduite et coordonne leurs actions. Bonald conclut : « L'établissement du pouvoir public ne fut ni volontaire ni forcé, il fut nécessaire, c'est-à dire conforme à la nature des êtres en société (1) ». Soit : mais nous sommes loin de la conclusion : il fut l'œuvre de Dieu.

Comme M. de Bonald, Joseph de Maistre adopte une hypothèse naturaliste sur l'origine des lois. Voyez comment il explique la genèse de la constitution d'Angleterre : elle est « l'ouvrage des circonstances et le nombre de ces circonstances est infini. Les lois romaines, les lois ecclésiastiques, les lois féodales, les coutumes saxonnes, normandes et danoises ; les privilèges, les préjugés et les prétentions de tous les ordres ; les guerres, les révoltes, les révolutions, la conquête, les croisades ; toutes les vertus, tous les vices, toutes les connaissances, toutes les erreurs, toutes les passions ; tous ces

(1) *Démonstr. philos.*, chap. VI, p 108-110.

éléments enfin agissent ensemble et, formant par leur mélange et leur action réciproque des combinaisons multipliées par myriades de millions, ont produit enfin, après plusieurs siècles, l'unité la plus compliquée et le plus bel équilibre de forces politiques qu'on ait jamais vu dans le monde (1) ». Quel rationaliste dresserait une liste plus complète des faits humains qui peuvent influer sur l'évolution du droit ? Et quant aux causes qui ont déterminé la naissance du droit, ce sont des coutumes, c'est-à-dire encore des actions humaines, car il ne suffit pas de dire que ces vieilles pratiques sont mystérieuses pour en conclure qu'elles sont divines. Dans cette description, nous voyons partout la main de l'homme, nulle part celle de Dieu.

De même les représentants les plus récents de l'école théologique nous font assister à la génération spontanée du droit. Les hommes primitifs, selon M. de Vareilles-Sommières, ne sont pas restés dans l'état d'isolement : ils ont formé des groupes. C'est « un fait impérieusement réclamé par le besoin même de vivre, mais où l'activité et la liberté humaines trouvent pourtant une large part ». Par cela même qu'ils vivent en commun, ils ont des relations les uns avec les autres : « des obligations réciproques naissent de plein droit entre les membres du

____

(1) *Essai sur le principe générateur...*, XII, p. 15.

groupe ». Et pour que ces obligations soient exécutées, les hommes organisent la « société civile » (1). Bien qu'il rejette l'hypothèse du contrat social, M. de Vareilles-Sommières accorde à la volonté humaine un « rôle prépondérant » dans l'institution du droit. Si bien que, la volonté humaine étant la cause suffisante de la loi, il paraîtra sans doute inutile de chercher cette cause en Dieu.

Les faits humains, nous répondra-t-on, ne sont que les causes secondes de la loi ; le rôle de l'homme n'exclut pas le rôle de Dieu. De même, dit Joseph de Maistre, qu'on ne peut pas expliquer l'harmonie du monde par la rencontre fortuite des atomes, de même on ne peut expliquer le « bel ordre » des lois sociales par la rencontre fortuite des volontés humaines : c'est la Providence qui préside aux combinaisons d'événements multiples qui ont produit, par exemple, la constitution d'Angleterre (2). C'est la Providence, pour M. de Bonald, qui a fixé « les lois générales et nécessaires de la conservation du genre humain » en vertu desquelles naît le pouvoir. C'est la Providence, pour M. de Vareilles-Sommières, qui inculque aux hommes ce besoin de vivre en commun qui détermine l'apparition du droit. Quel que soit le rôle de l'activité humaine, elle est

(1) *Op. cit.*, XII, 8, p. 63.
(2) *Essai sur le principe générateur...*, XIII, p. 15.

débordée : la « nature » domine notre volonté. Et la nature, c'est Dieu (1).

Mais la question est précisément de savoir si la nature, c'est Dieu. La question est de savoir s'il est plus nécessaire de supposer une intervention spéciale de la divinité pour expliquer l'invention de la loi que pour expliquer l'invention du feu. La constitution d'Angleterre, le Code Napoléon, à plus forte raison le droit coutumier des peuplades primitives, sont-ce là des œuvres si parfaites qu'elles révèlent la main d'un artiste divin ? Sans doute les hommes qui ont collaboré à ces œuvres n'ont ni connu la portée ni prévu les conséquences de leur travail ; leurs desseins ont été dérangés par les desseins d'autres hommes ; souvent ce n'est pas de leur volonté consciente, c'est de leurs besoins que sont nées les institutions. Mais les besoins sont des causes naturelles comme les volontés. L'école théologique voudrait nous contraindre à choisir entre deux alternatives : ou la loi est artificielle ou elle est naturelle, c'est-à-dire divine ; or, elle n'est pas artificielle, donc elle est divine. Nous n'acceptons pas ce dilemme ; la loi peut être à la fois naturelle et humaine.

(1) Vareilles-Sommières. *Op. cit.*, XI, 2, p. 58 ; 9, p. 65 : « Il est rigoureusement démontré que la société civile vient de la nature et par conséquent de Dieu ». Cf. Lucien Brun, *op. cit.*, p. 42,

Il n'est pas impossible d'expliquer la loi par des causes purement humaines : la preuve c'est que l'école théologique elle-même a recours à cette méthode. Il n'est pas nécessaire d'expliquer la loi par d'autres causes. Sans doute le métaphysicien a le droit, à propos de tout événement, de remonter jusqu'à la cause première, jusqu'à Dieu. Mais cette cause, précisément parce qu'elle explique tout, n'explique rien : elle rend compte de l'existence de toutes choses, mais elle ne rend pas compte de la nature propre à chaque chose : à moins qu'on ne suppose, pour expliquer chaque fait particulier, un décret spécial de la volonté divine ; à moins qu'on n'insère dans la trame des phénomènes, au risque de les transformer en phénomènes, des actes de la Divinité. Mais les modernes partisans du droit divin n'abusent pas du nom sacré ; ils ne font guère appel au miracle : à leur avis, Dieu ne désigne pas par leurs noms les souverains ; c'est en vertu des lois générales de la création que le pouvoir est institué. Ces formules sont acceptables, mais sont-elles instructives ? Plutôt que de remonter d'un bond jusqu'à Dieu, ne vaudrait-il pas mieux étudier dans le détail les lois de la nature ? Le savant n'explique pas les marées par l'action divine, mais par l'attraction lunaire. De même on ne nous apprend rien en disant que les lois viennent de Dieu ; ce qu'il importe de connaître, ce sont les causes naturelles qui président à leur institution. Dans le système des sciences modernes, l'explication théologique du droit est un anachronisme.

*
* *

La seconde voie suivie par l'école théologique pour aboutir à Dieu est-elle plus sûre que la première ? Est-il nécessaire, pour que les lois soient valables, qu'elles soient édictées par Dieu ou par ses représentants ?

La loi, nous dit-on, ne doit pas être l'œuvre des hommes, car l'homme est le jouet de ses passions : une loi humaine ne serait donc que la consécration des passions humaines ; elle serait immorale. — Oui, s'il est nécessaire que les passions s'additionnent pour faire la loi. Mais est-ce nécessaire ? les passions varient avec les individus ; elles séparent les hommes plus qu'elles ne les unissent ; elles se neutralisent plus souvent qu'elles ne se coalisent. Même si la loi n'était que la résultante des passions, elle ne les consacrerait qu'au moment où elles se sont entrechoquées et mutuellement amorties : or, des passions amorties, ce sont des vertus. Nul ne soutiendra que toutes les lois humaines sont morales. Mais il n'est pas impossible qu'elles le soient. M. de Bonald, il est vrai, ne nie pas que le peuple obéisse parfois

à sa conscience : seulement il en conclut que, dans
ce cas, le peuple obéit à Dieu. Conclusion trop
hâtive : comment prouve-t-on que l'ordre de la
conscience est une révélation de la volonté divine ?
Il n'est donc pas évident qu'il faille recourir à
Dieu pour donner aux lois une valeur morale.

Faut-il recourir à Dieu pour donner aux lois un
pouvoir légitime ? L'homme, nous dit-on, est indépendant de l'homme ; il n'a pas d'ordres à recevoir
de ses semblables. Mais c'est précisément sur l'indépendance des hommes que repose la doctrine de
la souveraineté du peuple. D'une même prémisse,
les deux écoles ennemies tirent des conclusions
opposées : c'est qu'elles donnent de la loi des définitions différentes : la loi, pour Bonald et ses suc-
cesseurs, c'est l'acte par lequel un supérieur impose
à des inférieurs sa volonté ; la loi, pour nous, c'est
simplement une règle de conduite commune à tous
les membres d'une société. Quelle est la définition
la plus exacte ? La première ne convient pas à tout
le défini : quand on dit d'un contrat qu'il est la loi
des parties, on ne veut pas dire que l'une des parties impose à l'autre sa volonté : la notion de loi
n'implique pas nécessairement l'idée d'une relation
entre des supérieurs et des inférieurs. Si donc les
hommes se croient égaux et indépendants, ils peuvent se donner à eux-mêmes des lois qui ne seront
pas destituées d'autorité. Elles seront conçues sur

le modèle des contrats : chaque citoyen tentera d'y faire insérer les clauses qu'il croit justes et utiles, et par cela même qu'elles exprimeront la volonté de tous elles n'asserviront personne. La loi démocratique ne manque pas d'autorité puisque chacun l'accepte ; elle ne manque pas de fondement puisqu'elle a son fondement dans la volonté des citoyens. Si, partant des mêmes prémisses, les deux écoles aboutissent à des conclusions contraires, c'est que l'école théologique adopte une définition inexacte de la loi : elle ne comprend pas comment le citoyen, loin de sacrifier son indépendance en obéissant aux lois humaines, trouve dans la loi qu'il fait une garantie de son indépendance (1).

De même, les deux écoles partent des mêmes prémisses pour déclarer que la raison ne justifie ni un droit absolu sur les choses ni un droit absolu sur les personnes. Mais les uns concluent : c'est que ces droits viennent de Dieu. Et les autres : c'est que ces droits ne sont pas absolus. Quelle est la conclusion légitime ? La seconde, car l'école théologique elle-même doit assigner des limites au droit de jouir des choses, au droit de tuer les

(1) « Si la volonté générale est l'origine de tous les droits, dit M. L. Brun (*op. cit.*, p. 325), la loi me protégera peut-être contre les agressions individuelles, mais qui me protégera contre la loi ? » Autant vaut demander : qui me protégera contre moi-même? Théoriquement (car l'idéal n'est pas réalisé), la loi est mon œuvre.

hommes. Le droit de propriété, dit par exemple M. Lucien Brun, a pour contrepoids le devoir de charité : mais d'où vient, si mon droit sur mes biens est absolu, que j'aie le devoir de m'en défaire au profit d'autrui (1)? Le même auteur exprime aussi le vœu que la peine de mort ne soit pas toujours nécessaire : c'est donc que le pouvoir n'a pas un droit absolu sur la vie des coupables. M. Charles Périn, qui voit dans la guerre un mode de l'arbitrage international, accepterait sans doute l'institution d'arbitres plus impartiaux et moins violents : il donnerait des limites au droit de tuer. Mais si tous ces droits sont relatifs, est-il nécessaire que l'autorité qui les confère soit absolue?

M. de Vareilles-Sommières répondrait qu'un droit, même relatif, ne peut venir d'une autorité relative. La nature et la raison humaines ne donnent force de loi à aucune de leurs prescriptions : peut-on même parler de leurs prescriptions? Ces êtres abstraits ne donnent pas d'ordres : il n'y a pas de loi sans législateur. Mais à notre tour nous demanderons comment opère ce législateur? Suppose-t-on que tous ses caprices se transforment en lois? ou croit-on que pour édicter son Code il obéit

---

(1) M. Lucien Brun décrit éloquemment les injustices créées par la propriété (*op. cit.*, p. 167), mais croit-il qu'il suffise, pour les détruire, de déclarer qu'elles sont voulues par Dieu?

à certains principes ? La première hypothèse est en général rejetée par les partisans du droit divin : le gouvernement de Dieu n'est pas le régime de l'arbitraire ou du bon plaisir (1). Quels sont donc les principes que Dieu s'astreint à appliquer ? Ce sont précisément des principes rationnels. De sorte qu'on n'a soumis la raison à Dieu que pour soumettre Dieu à la raison ; on n'a d'abord repoussé le rationalisme que pour se décider ensuite à l'adopter.

On trouve même, chez la plupart des partisans du droit divin, une théorie de la loi entièrement naturaliste : sans faire la moindre allusion à la volonté divine, on justifie la loi par des considérations utilitaires. Pour M. de Bonald, la loi est le moyen employé par la société pour arriver à sa fin (2). Et cette fin, c'est l' « utilité commune », c'est la « conservation de la société », la « conservation mutuelle » (3) de ses membres. N'avons-nous pas dans ces définitions un critérium suffisant pour apprécier la valeur des lois ? ne trouvons-nous pas dans l'utilité commune le fondement de l'autorité légale ? Si ce n'est l'utilité commune, c'est du moins l'avantage des inférieurs que la loi doit prendre pour fin (4). « La fin de la loi est le bonheur de

(1) Vareilles-Sommières, *op. cit.*, IV, 3.
(2) *Du divorce*, p. 293.
(3) *Législat. prim.*, liv. II, chap. XX (t. II, p. 120); *Du divorce*, p. 293. *Essai anal.*, p. 3, 41.
(4) Bonald, *Législ. prim.*, t. I, p. 95.

celui qui y est soumis » (1). Une prescription est
légitime quand elle est édictée non dans l'intérêt
du pouvoir mais dans l'intérêt des sujets : voilà
encore un signe de la valeur des lois qui n'a rien à
voir avec la volonté de Dieu. Enfin, on nous présente certaines institutions comme justes sous prétexte qu'elles sont nécessaires : tel est le cas pour
le droit d'infliger la peine de mort, si nous en
croyons M. Lucien Brun (2) ; tel est le cas pour le
droit même de faire la loi, si nous en croyons M. de
Vareilles-Sommières (3). Pour cet auteur, en effet,
le pouvoir était primitivement *res nullius* : ce n'est
pas à dire qu'il appartenait à tous, c'est-à-dire qu'il
n'appartenait à personne. C'est donc très légitime-
ment que le premier venu s'en est emparé ; le droit
de souveraineté appartient au premier occupant ;
et c'est justice, car il est impossible qu'il en soit
autrement. Ne discutons pas cette théorie particu-
lière (4) ; mais remarquons qu'elle fonde le droit,
comme les précédentes, sur l'utilité, s'il est vrai que

(1) Bautain, *op. cit.*, p. 14.
(2) *Op. cit.*, p. 360.
(3) *Op. cit.*, XXXIX, 10, p. 372.
(4) Elle repose sur une « analogie » trompeuse avec le droit
de propriété : à la rigueur, on peut trouver légitime l'acte
du sauvage qui s'approprie et consomme un fruit qui était
auparavant *res nullius*. Mais le pouvoir n'est pas nécessairement tel qu'un homme s'en emparant en prive les autres.
— Ajoutez qu'on pourrait reprocher à cette théorie d'ériger
purement et simplement le fait en droit.

le nécessaire ne soit que le degré le plus élevé de
l'utile. Et concluons que si la valeur des institutions se mesure à leur utilité, ce n'est donc pas de
la volonté de Dieu qu'elle dépend.

Il n'est pas impossible de justifier la loi par des
raisons purement humaines : la preuve, c'est que
l'école théologique elle-même a recours à cette
méthode. Il n'est pas nécessaire de justifier la loi
par d'autres raisons : les lois sont imparfaites et
leur pouvoir limité ; si elles sont imparfaites pourquoi faire endosser à Dieu la responsabilité de leurs
défauts ? et pourquoi leur autorité est-elle relative
si leur principe est l'Absolu ? La seconde voie suivie
par l'école théologique n'est pas plus praticable que
la première.

*
* *

Supposons cependant que nous soyons arrivés
jusqu'à Dieu : ce Dieu n'est encore que le Dieu des
philosophes : pour retrouver le Dieu de la religion,
une nouvelle argumentation est nécessaire : est-elle
logique ?

M. de Bonald aborde franchement la question :
mais la solution qu'il propose ne paraît avoir convaincu ni ses adversaires ni ses disciples. Aucun de
ceux-ci ne la reprend pour son compte ; et quant à
ceux-là, dès le temps de Bonald, ils traitaient de

« calembourgs » (1) les raisonnements fondés sur
la vertu mystique du nombre *trois*, sans qu'on puisse
trouver inique leur critique irrévérencieuse. M. de
Bonald n'applique à la notion de cause son nombre
merveilleux qu'en mêlant au rapport de causalité le
rapport de finalité. Il n'est pas nécessaire, comme
il l'affirme, qu'une cause (premier terme) se serve
d'un moyen (second terme) pour produire un effet
(troisième terme) ; la cause véritable produit immédiatement son effet. Et de même le rapport de finalité ne comprend que deux termes : le moyen et la
fin, dont le premier peut être considéré comme la
cause du second. Mais M. de Bonald, séparant par
la pensée la cause et le moyen, croit que la cause
et le moyen sont séparés dans la réalité : il est victime d'une illusion produite par le langage. Dès
lors, il n'est pas nécessaire que Dieu, principe des
lois humaines, se serve, pour les promulguer parmi
les hommes, d'un médiateur qui serait l'Homme-
Dieu. Le raisonnement n'aboutit au Dieu chrétien
que par un sophisme.

Sera-t-on plus heureux en faisant appel à l'expérience ? L'histoire démontre-t-elle que la civilisation apparaît partout où se répand la Bible, n'apparaît pas où elle est inconnue, disparaît quand
elle est méconnue ? Il n'est pas évident que les

(1) *Démonstr. philis..* p. 64.

sociétés juive et chrétienne n'aient connu, comme
le dit M. de Bonald, aucune loi barbare : des sociétés
chrétiennes n'ont-elles pas longtemps conservé l'esclavage et le servage ? Réciproquement, on ne peut
pas dire que la civilisation de la Grèce, de l'Egypte,
de l'Italie antiques ait été moins belle que celle du
peuple juif. L'école théologique n'aime pas la Grèce,
« la menteuse Grèce », « patrie du syllogisme et de
la déraison (1) », « peuple de sophistes et de sta-
tuaires (2) ». Mais nous avons le droit de suspecter
son impartialité : il est trop facile de déprécier les
civilisations païennes pour conclure : l n'y a de
vraie civilisation que dans les pays chrétens. Même
si cette conclusion était exacte, il faudrait chercher
encore si les progrès de la civilisation dans les pays
chrétiens sont parallèles aux progrès de la croyance
et si ses décadences coïncident avec des crises de
la foi : est-ce au moyen âge ou à la Renaissance
qu'on notera ce parallélisme ? Il semblerait plutôt
que la civilisation est en raison inverse de la religion puisque l'époque la plus fervente est aussi la
plus grossière, tandis que l'ère la plus brillante est
aussi l'ère des hérésies. Enfin, mêmesi l'on rétablit
le parallélisme, soit en exaltant la civilisation mé-
diévale, soit en dénigrant celle de la Renaissance,

(1) De Maistre, *Du Pape*, t. II, p. 213 ; *Soirées de Saint-
Pétersbourg*. t. I, p. 107.
(2 De Bonald.

encore faudra-t-il prouver que cette coïncidence entre le progrès social et la foi religieuse n'est pas fortuite et qu'aucune influence différente de l'influence religieuse n'a pu déterminer le progrès social. Les civilisations progressives se distinguent des autres non seulement par leur religion mais par leur science : est-ce au christianisme ? est-ce à la science qu'elles doivent leurs progrès ? Tant qu'on n'aura pas démontré que les sciences ont entravé le progrès, la religion chrétienne ne pourra pas être considérée comme la cause unique de la civilisation occidentale. En histoire plus qu'ailleurs il est facile de prendre une coïncidence pour une cause : l'école du droit divin paraît avoir commis cette faute de méthode.

Ainsi son raisonnement n'est pas plus rigoureux au second stade de la régression qu'au premier : non seulement elle n'a pas démontré la nécessité d'un principe divin, mais l'eût-elle fait, elle n'eût pas prouvé que ce principe se confond avec le Dieu de l'Evangile. Quelle que soit l'opinion qu'on professe sur la vérité de la religion chrétienne, on doit reconnaître que M. de Bonald ne lui a pas rendu grand service en « appelant à sa défense la philosophie comme un corps de réserve » (1).

____

(1) *Démonstr. philos.*, p. 253.

III

Oublions toutes nos critiques ; supposons que
nous avons accepté les raisonnements de l'école
théologique : la raison a rejoint la foi et le Dieu
révélé va nous dicter nos lois. Quelles sont ces
lois ?

On pourrait croire que tous les philosophes de
'école catholique déduisent de l'Évangile les mêmes
prescriptions sociales. D'un même texte, on ne peut
tirer par le raisonnement qu'une seule série de conclusions. Et, en effet, la plupart des membres de
cette école acceptent, dans leurs grandes lignes, les
théories déduites des livres saints par M. de Bonald.
Voici ces théories.

La loi doit maintenir entre les êtres leur hiérarchie naturelle. Tout pouvoir vient de Dieu, « mais
comme il y a une souveraineté de Dieu et une souveraineté de l'homme, il y a un exercice divin ou
légitime du pouvoir et un exercice humain, vicieux et purement légal, selon que les lois que le
pouvoir porte sont justes ou injustes, conformes ou
non à l'ordre et aux rapports naturels des êtres dans
la société »(1). Quels sont ces rapports naturels ? Par
nature, Dieu est supérieur à l'homme auquel il donne

(1) *Essai analytique...*, chap. III, p. 110.

des lois par l'intermédiaire de l'Homme-Dieu ; dans
l'État, le pouvoir est supérieur au sujet qu'il gouverne par l'intermédiaire des ministres ; dans la famille, le père est supérieur à l'enfant auquel il donne
la vie par l'intermédiaire de la femme. La constitution de l'État et de la famille sera bonne quand elle
maintiendra la supériorité du pouvoir sur le ministre
et du ministre sur le sujet, la supériorité de l'homme
sur la femme et des parents sur l'enfant.

Dans l'État, le pouvoir dépend de Dieu ; il ne
dépend que de Dieu. Par suite, le souverain est
« un » : sinon, chacun des membres du gouvernement dépendrait non seulement de Dieu mais de ses
collègues. Le souverain est « masculin » : une femme
au pouvoir dépendrait non seulement de Dieu mais
de son mari. Le souverain est propriétaire foncier :
car « toute autre richesse immobilière ou commerciale dépend des hommes et des événements. » Il est
absolu, c'est-à-dire qu'il ne doit rendre de comptes
à personne, sauf à Dieu : mais cette responsabilité
devant Dieu suffit pour que son pouvoir ne soit pas
arbitraire. Il est perpétuel, puisqu'aucune puissance
humaine ne peut le destituer (1). — Ce souverain gouverne le peuple à l'aide de ministres qui sont revê-
tus des mêmes caractères : ils sont « uns », c'est-

(1) *Démonstr. philos.*, chap. **VII**. *Législ primit.*, liv. **II**,
chap. X, § 3, t. II, p. 77 ; *Essai anal.*, p. 169.

à-dire qu'ils forment un seul corps : la noblesse ;
les femmes sont exclues des fonctions publiques ;
ces fonctions sont la propriété perpétuelle, c'est-
à-dire héréditaire, des magistrats auxquels le souverain les confie (1). En effet, dans les fonctions
publiques la vertu est plus nécessaire que le talent :
or, si le talent est individuel, le « système des
familles est plus favorable aux vertus publiques qui
se transmettent par l'éducation et par l'exemple (2) ».
Pourtant la corporation des ministres n'est pas fermée : des sujets peuvent être anoblis. Mais ceux qui
méritent cet honneur sont rares : la masse a le
devoir d' « obéissance active », mais son droit, si
le gouvernement ne lui garantit pas « la vie et les
propriétés morales et physiques » qu'il lui doit, ne
va pas au delà d'une « résistance passive (3) ».
Même hiérarchie dans la famille : le pouvoir pater-
nel est absolu ; la répudiation de la femme par
l'homme est peut-être fâcheuse, mais elle n'est pas
illégitime car elle ne détruit pas la supériorité naturelle de l'homme sur la femme (4). La mère est au
père ce que le ministre est au pouvoir, elle est un

---

(1) *Législ. prim.*, loc. cit. ; *Essai anal.*, p. 175, 196.
(2) *Essai anal.*, chap. VI, p 203.
(3) *Législ. primit.*, liv. II, chap. V (t. I, p. 57) ; ch. XII
(t. II, p. 88) ; t. I, p. 79 ; *du Divorce*, p. 44.
(4) *Législ. prim.*, liv. II, chap. VII ; *du Divorce*, ch. VI,
p. 138.

« magistrat » (1) inférieur ; c'est un « homme-
enfant ». Quant à l'enfant, il n'a que des devoirs ;
il n'a pas de droits. Et cependant c'est pour son
bien que la famille est faite : c'est pour assurer sa
protection que Bonald interdit aux parents de di-
vorcer (2). — On le voit : c'est l'État, c'est la famille
de l'ancien régime que M. de Bonald découvre
dans les Livres saints : une monarchie absolue,
héréditaire dans la descendance mâle, une famille
calquée sur l'État monarchique, telles sont les institutions qui conservent aux êtres leur hiérarchie
naturelle. Cette hiérarchie serait détruite non seulement si l'on remplaçait la monarchie par l'aristocratie ou la démocratie, mais encore si l'on ten-
tait de combiner les diverses formes de gouvernement : la démocratie met au premier rang ce qui
doit être au dernier, mais la monarchie constitu-
tionnelle, qui met tout sur le même plan, n'est pas
plus conforme à la nature que la république (3). De
même l'ordre naturel est détruit dans la famille
non seulement si la femme gouverne son mari, mais
encore si l'on met la femme et l'homme au même
niveau en instituant le divorce par consentement

(1) *Législ. prim.*, liv. II, chap. V, note *c* (t. II, p. 59) -
chap. VII, § 6 ; *Essai anal.*, p. 104.
(2) *Du divorce*, chap. IV, p. 112, 113.
(3) *Dém. phil.*, p. 28 ; chap. XIV, p. 165 et suiv.

mutuel (1). La démocratie domestique est contraire
à la loi divine comme la démocratie politique.

En termes différents c'est une doctrine toute semblable que propose Joseph de Maistre. Sont divines
les institutions conformes à la nature. Et la nature
est monarchiste. Elle crée des « races royales » (2),
des « familles souveraines » : les rois sont rois
depuis l'origine des temps : « il n'a jamais existé
de famille souveraine dont on puisse assigner l'origine plébéienne » : autant vaut dire que les souverains forment dans l'espèce humaine une variété
naturelle. Et de même « il y a des familles nobles ».
Sans doute l'aristocratie n'est pas une caste fermée :
des anoblissements sont possibles, mais ce n'est
pas le roi, c'est encore la nature qui accorde des
titres de noblesse : « il y a des familles nouvelles
qui s'élancent, pour ainsi dire, dans l'administration de l'État, qui se tirent de l'Égalité d'une manière frappante.... Les souverains peuvent sanction-
ner ces anoblissements naturels : c'est à quoi se
borne leur puissance (3) ». C'est donc à la nature
que le peuple doit son infériorité. Par suite, il n'a
pas de droits ; il ne doit pas s'occuper de ses pro-

(1) *Du divorce*, chap. VI, p. 143.
(2) *Essai sur le principe générateur...*, p. 12.
(3) *Considérations sur la France*, chap. X, p. 188. Ecrit
en 1796, avant l'apparition de la monarchie napoléonienne,
dont J. de Maistre put « assigner l'origine plébéienne ».

pres affaires : ne soumet-on pas à une tutelle les mineurs, les fous, les absents ? Or, le peuple est naturellement mineur, fou et absent (1). Il faut le mettre en tutelle : et son tuteur sera revêtu de tous les pouvoirs : il n'est pas de souveraineté qui ne soit absolue (2). Dieu se charge d'empêcher que l'absolutisme devienne l'arbitraire : il place « à côté de toute souveraineté une force qui lui sert de frein : c'est une loi, c'est une coutume, c'est la conscience, c'est une tiare, c'est un poignard, mais c'est toujours quelque chose »(3). De Maistre désire que ce soit surtout une tiare ; le frein des monarchies particulières ce serait la monarchie universelle du vicaire de Jésus-Christ. Le gouvernement des papes est la meilleure des monarchies. Et la monarchie est le « meilleur, le plus durable des gouvernements et le plus naturel à l'homme (4) ». Or, le gouvernement le plus naturel est aussi le plus divin.

Pendant la seconde moitié du xixe siècle, l'école affiche une certaine indifférence pour la forme du gouvernement, mais elle ne cache pas son goût pour la monarchie. L'abbé Bautain déclare que le meilleur gouvernement c'est « le plus honnête, le plus désintéressé », celui qui « cherche l'intérêt général

(1) *Considérations sur la France*, chap. IV, p. 59, note.
(2) *Du Pape*, t. I, p. 2, 8, 225.
(3) *Du Pape*, t. I, p. 321.
(4) *Du Pape*, t. II, p. 158.

plus que son intérêt particulier, plus que l'intérêt
de famille, de race et de caste » : peu importe que
ce gouvernement soit monarchique ou républicain.
Mais il ajoute que dans la démocratie « il y a trop
de monde dans les affaires... et parmi les hommes
les honnêtes gens sont en minorité, en sorte qu'avec
l'institution démocratique nous avons moins de
chances pour un gouvernement équitable et désintéressé ». D'autre part l' « esprit de corps » est le
vice des aristocraties. C'est donc la monarchie qui
est le meilleur gouvernement. Tout en avouant que,
sous le rapport de l' « équité » ou de l' « égalité »
il est bon d'accorder à tous « une certaine partici-
pation à la souveraineté » (1), l'abbé Bautain accepte
sans enthousiasme les institutions libérales (2). De
même il ne souhaite pas, dans la famille, la disparition du régime autoritaire : le mari est le « direc-
teur-né » de la famille ; « sa parole fait loi (3) » ;
il peut condescendre à demander les conseils de sa
femme, mais il n'est pas tenu de les suivre, tandis
qu'elle est tenue de lui obéir. « Le mari est le chef;
il a le droit de poser la loi. Si on lui résiste,
qu'est-ce qu'il fera? Dans les mœurs barbares on suit
le droit de nature. Cela arrive encore quelquefois
dans notre civilisation raffinée, et ce n'est pas tou-

(1) *Op. cit.*, p. 266, 268.
(2) *Op. cit.*, p. 248
(3) *Op. cit.*, p. 176.

jours un mal. Seulement il faut que ces coups d'autorité viennent à propos (1) ». La nature donne au père un droit semblable sur ses enfants. Elle n'interdit pas au chef de la famille de posséder des esclaves. L'esclavage n'est pas inique ; c'est seulement « une institution peu digne de l'homme » et peu « avantageuse ». L'esclavage « est un contrat de louage comme un autre » ; l'esclavage consiste en ceci qu'un homme puisse louer, sa vie durant, son travail et ses forces à la condition d'être nourri, vêtu, abrité, etc., etc. » (2). Voilà pourquoi l'Église a sagement agi en « tolérant » l'esclavage, « en l'adoucissant, l'humanisant et le christianisant » jusqu'au moment où l'institution a disparu. Dans la maison comme dans la cité, l'abbé Bautain, bien qu'il ait subi l'influence des idées libérales et leur fasse quelques concessions, préconise les institutions monarchiques et autoritaires.

Nous trouverions chez la plupart des membres de la même école des tendances analogues. Sans condamner absolument les autres formes de gouvernement, on recommande le gouvernement monarchique soit au nom de l'intérêt général soit au nom du droit naturel. L'abbé Grandclaude déclare qu'en soi la monarchie pure serait le plus parfait des gou-

(1) *Op. cit.*, p. 178.
(2) *Op. cit.*, p. 74, 87, 177.

vernements : la nature nous incline à la monarchie,
car le nombre des monarchies est plus grand que
celui des républiques ; mais, d'autre part, un homme
est naturellement imparfait : il est donc possible
que dans la pratique un gouvernement mixte soit
préférable à la monarchie pure (1). M. de Vareilles-
Sommières et M. Lucien Brun adoptent cet oppor-
tunisme monarchiste : la meilleure forme de gouvernement « c'est, pour chaque peuple, celle qui
est le plus complètement en harmonie avec les traditions, les coutumes, l'esprit, le caractère, le degré
de culture et de valeur morale de la race ». Mais
une monarchie tempérée répond la plupart du temps
à toutes ces conditions : « en général, et à moins
de circonstances accidentelles, le meilleur gouvernement est un gouvernement mixte, où la monarchie prédomine et où l'aristocratie et la démocratie
ont une large part (2) ». Enfin, M. Charles Périn
classant, en 1883, les tendances diverses des penseurs catholiques, distinguait deux écoles dont l'une
admettrait le césarisme et l'autre une royauté cons-
titutionnelle ou parlementaire ; mais il attribuait
aux deux écoles un programme commun dont voici
les principaux articles : restaurer le « droit divin »
du père de famille et restaurer « les droits de Dieu »

(1) *Principes du droit public*, p. 297, 299.
(2) Vareilles-Sommières, *op. cit.*, XXVIII, 12 et suiv. ;
p. 233 et suiv.

dans l'Etat ; en un mot, conserver les principes de M. de Bonald et de Joseph de Maistre : lutter contre la Révolution (1).

Et pourtant, au cours du siècle, c'est l'apologie de la Révolution qu'avaient entreprise des philosophes chrétiens. Est divin ce qui est naturel ; Ballanche l affirme tout comme Joseph de Maistre. Mais tandis que celui-ci nomme naturelles les institutions stables, celui-là voit dans le progrès la loi de la nature. Réformer, pour de Maistre, c'est blasphémer ; le blasphème, pour Ballanche, consisterait à conserver : « lorsqu'on veut conserver les formes usées, et les conserver en dépit du progrès, c'est alors qu'elles sont contre nature, c'est-à-dire contre la Providence, négatives du droit divin ». Le chris·tianisme de Ballanche est un christianisme révolutionnaire. La nature n'a pas créé de classes nobles ; la noblesse est une qualité individuelle. La nature n'a pas créé d'esclaves. Elle n'a même pas créé de sujets, car le pouvoir doit « sortir du peuple même » et les rois ne sont que le peuple personnifié. Aussi les droits de ces souverains sont-ils limités : la guerre n'est plus divine : un jour « ce terrible engrais de sang ne sera plus nécessaire pour fertiliser le champ de la civilisation » ; le bourreau n'est plus

(1) *Mélanges de politique et d'économie.* La Réaction, p. 267-310.

un personnage sacré : « la société n'a pas le droit
d'ôter irrévocablement le repentir au coupable et
de pervertir par le spectacle de la mort une multitude d'innocents ». Enfin les sujets ont des droits :
Ballanche est partisan de la liberté de la presse et
du suffrage universel.

Plus frappantes encore sont les idées de Bordas-
Demoulin qui voit dans la Révolution « le second
règne » de l'Évangile. Le Christ a proclamé l'égalité des hommes fils de Dieu ; « la Déclaration des
droits naturels de l'homme n'est autre chose que la
promulgation sociale de l'Évangile » (1), et Jésus-
Christ fut le premier des révolutionnaires (2). On
reproche à la Révolution ses destructions : mais elle
n'a détruit « que le despotisme et seulement alors
qu'épuisé de vieillesse et d'excès il expirait de cadu_
cité ». Elle n'a détruit qu'un régime « qui outrage
la nature » en asservissant l'homme (3). Gloire à la
Révolution ! Sans doute Bordas-Demoulin ne choisit pas entre la monarchie et la république, mais il
repousse la théocratie (4), et salue la naissance de
la « société libre (5) ».

Trouve-t-on chez les démocrates chrétiens de la

(1) *Mélanges philosophiques et religieux*, p. 430.
(2) *Id.*, p. 392.
(3) *Id.*, p. 484.
(4) *Id.*, p. 395 : « la mission de la théocratie est finie ».
(5) *Id.*, p. 319,

fin du siècle des formules aussi hardies que celles
d'un Ballanche ou d'un Bordas-Demoulin ? je ne le
crois pas. Il est vrai que ces deux philosophes sont
peut-être des hérétiques : Ballanche n'avait-il pas
émis le vœu que l'Église renonçât au dogme de
l'enfer ? Mais ce sont des croyants sincères : ils
pensent déduire logiquement de leur religion une
doctrine démocratique. Pour nous qui n'avons pas
à apprécier leur orthodoxie, nous pouvons les con-
sidérer comme les représentants d'une intéressante
fraction de l'école catholique.

Ainsi l'histoire de cette école donne un démenti
à notre prévision ; nous supposions que tous ses
membres professaient les mêmes doctrines politiques et sociales. Et les premiers résultats de notre
enquête confirmaient cette hypothèse. Mais nous
constatons en terminant qu'elle est inexacte : les
préceptes donnés par les uns contredisent ceux que
donnent les autres : Soyez monarchistes, dit au nom
du dogme le gros de la troupe, tandis qu'une fraction dissidente, au nom du même dogme, s'écrie :
Soyez démocrates !

IV

Les divergences de ces déductions nous inquiètent
sur leur valeur logique : d'une même prémisse on
ne peut logiquement tirer deux conclusions con-

traires. Les décrets divins seraient-ils contradictoires ? Seraient-ils mal interprétés ? Dieu veut-il
que nous vivions en monarchie ou en république ?
Dieu est-il révolutionnaire ou contre-révolution-
naire ?

Il n'est ni l'un ni l'autre. La vérité, c'est que
l'école catholique ne déduit ses théories politiques
ni de la volonté divine, ni des deux Testaments.
Sur ces questions, les Livres saints sont discrets,
sinon muets. Pour les faire parler, il faut torturer
leur texte. C'est ainsi que M. de Bonald ne découvre
dans le Décalogue une doctrine du pouvoir social
qu'en appliquant au gouvernement de l'Etat l'article relatif au pouvoir domestique : « Tu honoreras
ton père et ta mère afin de vivre longtemps sur la
terre ». Ce précepte, dit M. de Bonald, n'a pas trait
aux devoirs des enfants vis-à-vis des parents, car
il y a de mauvais fils qui vivent longtemps : la menace de Dieu ne serait donc pas suivie d'effet ? C'est
impossible. En revanche, il n'est pas de société qui
vive longtemps sans que l'autorité soit respectée :
c'est donc aux sociétés que Dieu fait allusion : « tu
honoreras ton père et ta mère » ; entendez : tu
honoreras le pouvoir et ses ministres (1). Les textes
ne sont pas toujours aussi violemment détournés de
leur sens, mais l'interprétation est souvent très

______

(1) *Essai analyt.*, chap. IV, p. 137.

libre. Sait-on quelle parole divine a, selon M. Lucien Brun (1), fondé la famille ? C'est la phrase connue : Croissez et multipliez. Peut-être ne voyez-vous pas dans ces deux mots toutes les lois du mariage : par exemple l'obligation de la monogamie et le devoir de fidélité réciproque : c'est que vous ne savez pas exprimer toute la substance d'un mot divin. De même, le droit de propriété repose sur une parole divine : Remplissez la terre et soumettez-la. *Replete terram et subjicite eam* ». M. Lucien Brun avoue que par ces paroles Dieu n'institua pas la propriété individuelle : c'est au genre humain tout entier qu'il a donné la terre indivise. Mais « les hommes ont rempli la terre, et bientôt l'instinct de la conservation, les besoins de la nature ont amené la fin de la communauté négative par l'appropriation en parties distinctes de ces biens que la donation primitive avait placés sous le domaine de la société humaine. Et quand cela fut fait, Dieu parla de nouveau et confirma la possession exclusive née du travail et de la volonté des hommes. Il promulgua le Décalogue et dit : « Tu ne déroberas point... » (2). Mais ni la première ni même la seconde des paroles divines n'énonce clairement le droit de propriété : c'est à peine si la première conférerait un droit de

(1) *Op. cit.*, p. 93-94.
(2) Lucien Brun, *op. cit*, p. 168. Cf. Charles Périn. *Les lois de la société chrétienne*, t. I, p. 205.

conquête et quant à la seconde, elle sanctionne un droit préexistant mais ne crée aucun droit nouveau. — Dès maintenant nous savons pourquoi les interprètes d'un même dogme n'auront pas toujours le même avis : c'est que le dogme n'est pas clair.

Comment remédier à cet inconvénient ? Force a été de demander pour le droit divin les secours du droit naturel : Dieu, dit-on, n'a rien pu prescrire qui soit contre nature : la loi naturelle est donc une sorte de révélation de la loi divine. Si M. de Bonald et Joseph de Maistre sont partisans d'une monarchie aristocratique, ce n'est pas qu'ils trouvent dans l'Évangile le plan de cette constitution, c'est qu'ils croient apercevoir des différences de nature entre les « familles souveraines », les « familles nobles » et les familles plébéiennes. S'ils n'accordent pas à la femme des droits égaux à ceux du mari, c'est qu'ils croient la femme naturellement inférieure au mari. Ce n'est pas dans l'Evangile qu'ils ont lu la loi salique : s'ils font de la loi salique un corollaire de la loi divine, c'est qu'elle leur paraît régler l'ordre social conformément aux rapports naturels des hommes. Ce n'est pas dans l'Evangile qu'ils ont lu la « loi de l'homme » : s'ils accordent au mari un pouvoir souverain, c'est encore pour respecter la hiérarchie naturelle (1). — Par

(1) Cf. Grandclaude, *op. cit.*, p. 139 : « Tout semble nous

suite, si des philosophes croyant à la même religion,
lisant les mêmes livres, voient des égalités dans cette
nature où Bonald et de Maistre n'aperçoivent qu'i-
négalités, ils aboutiront à d'autres conclusions.
Selon Bordas-Demoulin, « la nature dit que les
hommes sont libres et égaux en droits (1) » ; il ne
peut pas tirer de ce principe une doctrine aristocratique. Mais sa doctrine démocratique n'est pas plus
directement dérivée de ses croyances religieuses
que la doctrine monarchiste d'un Bonald ou d'un de
Maistre : elle est directement déduite de ses opinions sur la valeur naturelle des hommes. La cause
véritable c'est la cause en fonction de laquelle varie
l'effet : la cause véritable des doctrines du droit
divin, ce n'est pas une théorie de Dieu mais une
théorie de la nature.

Ce n'est pas seulement au droit naturel, c'est
encore à l'idée d'utilité qu'on fait appel pour préci-
ser les ordres divins. Une loi divine, c'est une loi
utile. Lorsque le pouvoir travaille exclusivement
dans son intérêt sans se soucier de l'intérêt général,
il est illégitime, car il agit non sous l'inspiration
de Dieu mais sous l'influence des passions humaines:
quelques auteurs affirment qu'on peut alors se sou-

manifester une loi constante de la nature qui donne l'empire
au plus puissa t ; la supériorité naturelle est le fondement
de toute domination... »
(1) *Mélanges,* p. 404.

lever contre une autorité que Dieu ne soutient pas.
Et comme on trouve dans un gouvernement stable
des garanties contre l'égoïsme des gouvernants, de
sérieuses promesses de bonheur, ce sont les gouvernements les plus stables qui portent la marque
de l'institution divine. Tel est du moins l'avis de
la majorité des penseurs catholiques. Mais on peut
se faire de l'utilité collective une notion toute différente : la durée d'une institution est nuisible si
l'institution ne sert plus ; une institution funeste ne
devient pas utile par le seul fait qu'elle dure. C'est
précisément ce que pensent Ballanche et Bordas-
Demoulin : des lois faites pour une société disparue
sont nuisibles à la société présente : pour s'adapter
aux modifications de l'état social, les lois doivent
elles-mêmes se modifier. Si vous souhaitez le bonheur de tous soyez conservateurs, disait de Maistre.
Si vous souhaitez le bonheur de tous, soyez pro-
gressistes, dit Ballanche. L'ancien régime est
l'idéal des uns, la « société nouvelle » est l'idéal des
autres. Mais Dieu n'inspire pas plus à de Maistre
son horreur pour la Révolution qu'il n'inspire à
Ballanche son goût pour le progrès : leurs opinions
viennent de leur définition de l'utilité sociale.

Est juste ce qui est divin : telle était la première
prémisse de la déduction tentée par tous ces philosophes. Mais cette prémisse demeure stérile. La
seconde, seule, est féconde : est divin ce qui est

naturel ou utile. Dans toute doctrine théo'ogique
du droit est incluse une doctrine rationaliste : doctrine du droit naturel ou doctrine de l'utilité sociale.
Dieu est invoqué, mais il ne sert à rien. Son nom
pourrait être rayé du système sans que les conclusions fussent modifiées. Que vous débutiez par ces
deux propositions :

Est juste ce qui est divin ;

Est divin ce qui est naturel ou utile ;
ou que vous vous contentiez de cette phrase
unique :

Est juste ce qui est naturel ou utile,
vous aboutirez aux mêmes résultats si vous donnez
de la nature et de l'utilité les mêmes définitions,
vous aboutirez à des résultats différents si vous donnez de la nature et de l'utilité des définitions différentes. Un rationaliste qui croirait à l'inégalité des
hommes ou à l'utilité de la monarchie professerait,
sans lire le Décalogue, les mêmes théories que M. de
Bonald ; un croyant qui affirme l'égalité des hommes
et l'utilité de la démocratie professe les mêmes théories que Rousseau. Nos doctrines morales et sociales
viennent des jugements que nous portons sur la
valeur des hommes et sur les conditions du bonheur.
Mais ces jugements, l'école du droit divin les emprunte aux diverses écoles du droit rationnel : sans
ces emprunts, elle n'aurait à nous proposer aucune
règle de conduite ; de ses principes théologiques

elle ne peut déduire, sans l'aide de la raison, aucune conclusion morale ou politique.

*
* *

La philosophie chrétienne du droit ne nous présente pas un système logiquement constitué. Sa régression vers le principe suprême de la loi n'est pas un enchaînement de raisonnements nécessaires. Quelle que soit la valeur de ses critiques contre l'hypothèse d'un contrat social préhistorique, elle n'a pas démontré que l'homme est incapable d'instituer la loi puisqu'elle n'a pas réfuté toutes les hypothèses sur l'origine naturelle des institutions sociales. Bien plus, elle se charge elle-même de prouver que l'homme est l'auteur de ses lois, car en racontant la collaboration de la Providence et de l'humanité dans la fabrication des Constitutions et des Codes elle accorde au rôle de l'humanité tant d'importance que l'action de la Providence devient inutile. Ou bien elle se condamne, lorsqu'elle explique la loi par l'intervention « immédiate » de Dieu, à transformer la cause première en cause seconde, à rabaisser la divinité au niveau des créatures. — Sur la question du fondement moral de la loi, l'argumentation de l'école du droit divin nous a paru également insuffisante et contradictoire. Elle ne prouve pas qu'une loi humaine serait sans autorité sur les hommes ; elle ne prouve pas que les hommes n'ont pas le droit de signer entre eux des contrats légitimes. Et, d'autre part, elle tombe dans une contradiction, car après avoir fondé la loi sur la volonté de Dieu sous prétexte que la raison humaine est un fondement fragile, elle mesure la valeur des décrets divins d'après leur conformité à la raison humaine. — Enfin la doctrine du droit divin ne se suffit pas à elle-même : pour déduire de ses principes théologiques des applications pratiques, elle doit les féconder à l'aide de principes rationnels. Nous avons donc le droit d'adopter une autre doctrine.

Quelle sera cette doctrine? Ce sera celle qui est contenue dans la doctrine théologique, celle qui s'impose à l'école même qui la rejette : la doctrine du droit rationnel. La raison humaine aspire à la justice en même temps qu'à la vérité. De même qu'elle conçoit dans le monde une succession régulière de phénomènes enchaînés par la loi de causalité, de même elle exige dans la société l'application de la loi de justice : elle veut que les mêmes actions reçoivent le même traitement comme elle constate que les mêmes causes produisent les mêmes effets. Elle nous conseille donc d'adopter les institutions où règnera la justice, celles qui créeront et conserveront entre les hommes une « hiérarchie naturelle » fondée sur leur réel mérite. Et elle se charge de nous renseigner, à l'aide de l'expérience, sur le

mérite réel des hommes comme sur le traitement
qu'il est juste de leur appliquer. A des hommes
égaux, elle accordera des droits égaux, à des hommes
négaux des droits inégaux, car la justice consiste à établir entre la valeur et le bonheur des êtres
une proportion rationnelle.

Bien qu'elle ne s'appuie sur aucun principe religieux, cette doctrine n'est ni impie ni funeste. Les
partisans de la morale et du droit rationnels n'ont
pas formé le noir dessein de ruiner le droit et la
morale; ils n'ont fait aucun pacte avec Satan ; ils
veulent simplement donner aux règles de la conduite
humaine un fondement positif. S'il est vrai, comme
nous avons essayé de le prouver, que l'école du droit
divin doit chercher un point d'appui dans la raison,
la doctrine du droit rationnel s'impose à tous les
esprits, tandis que la doctrine théologique n'est
acceptée que des croyants. Loin d'être dangereuse
pour la société, la théorie rationaliste peut récon-
cilier les fractions ennemies d'une même société.
Des deux théories en présence, la plus bienfaisante,
comme la moins hypothétique, c'est la théorie rationaliste.

II

L'EFFICACITÉ DE LA MORALE LAÏQUE

L'EFFICACITÉ DE LA MORALE LAÏQUE (1)

MESSIEURS,

Le caractère de la morale que vous enseignerez
à l'école primaire est rigoureusement déterminé par
la nature de votre fonction sociale. Vous serez demain des instituteurs « publics » : c'est au nom de
l'Etat que vous donnerez vos leçons. Or, l'État français offre ses services à tous les citoyens sans exception ; l'État enseignant doit ouvrir ses écoles aux
enfants de tous les citoyens sans exception. Mais
tous les citoyens ne professent pas les mêmes
croyances religieuses : si l'État inscrivait dans ses
programmes une morale fondée sur un dogme religieux, il exclurait de ses écoles quiconque adopte
un autre dogme : c'est donc pour l'école publique une
nécessité d'être laïque et d'enseigner une morale
laïque.

Mais est-il possible d'enseigner une telle morale ?
Théoriquement, la réponse est aisée : il existe, en

(1) Conférence faite le 3 février 1901 à l'école normale
d'instituteurs de Rennes.

lait, des systèmes de morale indépendante : Aristote, les Épicuriens, les Stoïciens dans l'antiquité ; Spinoza, Kant, Spencer et beaucoup d'autres dans les temps modernes ont construit leur morale sans demander à la religion le moindre postulat : même quand leur doctrine ressemble à la doctrine religieuse, elle ne s'appuie pas sur l'autorité de la parole divine. Mais, en pratique, il est difficile d'utiliser ces systèmes dans l'enseignement primaire : vous chargerez-vous de traduire en un langage accessible à l'esprit de vos petits Bretons l'*Ethique* de Spinoza ou la *Raison pratique* de Kant ? La morale stoïcienne est moins abstraite, plus populaire : vous pourrez lui emprunter des préceptes généraux ; mais vous chargerez-vous de l'adapter aux besoins de la pédagogie du xx⁰ siècle ? L'intérêt spéculatif de toutes ces doctrines est indéniable, mais leur valeur pratique est suspecte : auront-elles prise sur l'âme de vos élèves ? Ainsi se révèle l'obstacle que vous rencontrerez quand vous aurez à faire vos leçons de morale : indépendant de la religion, votre enseignement sera-t-il aussi efficace que l'enseignement religieux ? L'enfant qui ne recevrait en dehors de l'école laïque aucune éducation religieuse serait-il bien préparé à la vie ? l'instituteur, obligé pour former ses élèves de renoncer aux méthodes du prêtre, aura-t-il sur leur conduite autant d'influence que le prêtre ? Vous entendez souvent répondre : non, et cette réponse n'est pas faite pour fortifier votre vocation : à quoi servirait-il de répandre un enseignement inefficace ? Cherchons donc si votre enseignement est condamné à glisser sur l'esprit de vos élèves sans agir sur leur conduite.

La morale religieuse paraît tenir son efficacité de deux caractères : son unité et son autorité : une même religion donne à tous ses adeptes les mêmes préceptes, et toute religion présente ses préceptes comme des ordres de Dieu. La morale laïque peut-elle avoir des qualités équivalentes ?

I

En premier lieu, la morale religieuse est une. Tous les prêtres d'une même confession prescrivent les mêmes vertus, interdisent les mêmes vices. Un texte précis, fixé pour l'éternité, — les Commandements de Dieu et de l'Eglise — forme, par exemple, le Code auquel doivent obéir tous les catholiques. Aucune divergence d'opinion n'est à craindre, car l'interprétation du texte paraît facile, et si des difficultés se présentaient, une solution identique serait imposée à tous les membres de l'Eglise par son chef. Vous comprenez quelle est la vertu pédagogique de cette unité de doctrine. D'abord, elle donne aux maîtres une confiance absolue dans la vérité de leur morale. Les hommes n'ont

pas souvent la force de douter quand ils trouvent
dans l'opinion d'autrui la confirmation de leur
propre croyance. Et des éducateurs qui ne tiennent
pas en suspicion leur doctrine morale doivent acti-
vement travailler à la répandre et à l'inculquer aux
enfants. Leur action est d'autant plus intense que
leurs convictions sont plus fermes, et leurs convictions sont d'autant plus fermes que leur doctrine
présente une unité plus parfaite.

D'autre part, si la doctrine morale est une, tous
les maîtres tiennent à l'enfant le même langage :
leurs influences se combinent pour agir sur son
esprit : comment mettrait-il en doute des opinions
sur lesquelles, autour de lui, tout le monde s'accorde ? Comment ne s'orienterait-il pas dans la
direction vers laquelle il est poussé par toutes ces
forces coalisées ? Ainsi l'unité de la doctrine morale
n'accroît pas seulement la puissance de chaque éducateur ; elle interdit aux divers maîtres de neutra-
liser réciproquement leurs efforts. Comment l'effet
ne serait-il pas considérable quand, chacune des
forces atteignant son maximum d'intensité, toutes
les forces s'additionnent pour le produire ? Il n'est
donc pas surprenant que la morale religieuse, dont
l'unité dogmatique paraît absolue, agisse efficacement sur les âmes.

La morale laïque possède-t-elle la même unité ?
on le nie : on prétend que l'unité de doctrine ne

peut pas être obtenue par les voies rationnelles :
entre des doctrines rationnelles également vraisemblables l'unité, dit-on, ne saurait être établie que si
Dieu ou son représentant nous imposait un choix
exclusif. Aussi raille-t-on la liberté laissée aux instituteurs publics d'adopter l'une ou l'autre des
diverses morales rationnelles. Devant une commission d'enquête parlementaire, un prélat proclamait
récemment la nécessité pédagogique d'un dogme
moral et ajoutait en souriant : « pour enseigner une
doctrine il faut en avoir une... (1) », laissant entendre
que nous n'en avons pas.

Pour savoir si la morale laïque présente moins
d'unité que la morale religieuse, voyons quelle est
exactement l'unité de la morale religieuse. Elle est
moins absolue en réalité qu'en apparence. Les codes
religieux se bornent, en effet, à formuler quelques
préceptes généraux sans s'astreindre à résoudre tous
les problèmes de la vie morale. Le Décalogue, par
exemple, nous indique nos devoirs envers Dieu
(I, II, III), envers nos parents (IV), il nous interdit
la sensualité (VI, IX), nous ordonne de respecter la
vie et les biens d'autrui (V, VII, VIII, IX, X)(2), mais

(1) Déposition du recteur de l'Institut catholique de Lille
devant la commission de la Chambre chargée d'examiner
l'état de l'enseignement secondaire.
(2) Le 8ᵉ commandement interdit le mensonge parce qu'il
peut nuire à la vie et aux biens d'autrui. Au nombre des

il ne nous prescrit pas de respecter la liberté de
notre prochain, il ne dit mot de la charité, il ne
fait pas allusion à nos devoirs civiques (1). Aussi
les théologiens catholiques ont-ils proposé, sur ces
questions, des doctrines contradictoires. Les uns
prohibent l'esclavage que les autres justifient : un
jurisconsulte catholique acceptait encore, il y a
trente ans, cette institution qu'un Bossuet ne trouvait pas inique. De même, si le Décalogue interdit
de prendre et de retenir sciemment le bien d'autrui,
il ne dit pas à quelles conditions la propriété est
légitime : est-il juste, est-il injuste de s'approprier
une partie du sol? Certains théologiens ont déclaré,
avant Proudhon, que « la propriété c'est le vol »,
tandis que d'autres font l'apologie de la propriété.
De même encore, pendant la première moitié du
xixe siècle, les philosophes catholiques ne sont pas
d'accord sur la valeur morale des principes de 89 :
tandis que Joseph de Maistre considère la Révolution comme l'œuvre de Satan, Bordas-Demoulin
voit en elle la fleur épanouie du christianisme :
reconnaître l'égalité des hommes, c'est, dit le premier, renverser la hiérarchie instituée par Dieu;

biens d'autrui, le 9e commandement compte la femme : c'est
parce qu'il est un vol que l'adultère est condamné.

(1) M. de Bonald, pour trouver dans le Décalogue une
politique, est obligé de donner du 4e commandement (« Tes
père et mère honoreras... ») la traduction suivante : « Tu
honoreras le pouvoir et ses ministres ».

c'est, dit le second, proclamer la fraternité des enfants de Dieu. Voilà donc trois questions importantes sur lesquelles l'unité de la morale religieuse
est en défaut : affranchis tes esclaves, remets tes
biens à la communauté, soumets-toi au gouvernement populaire, disent les uns ; et les autres répondent : exploite tes esclaves, défends ton bien, n'obéis
qu'aux rois de droit divin. Ne pouvons-nous pas
conclure que l'unité de cette doctrine n'est pas
absolue ?

Vous me répondrez que ces divergences, dans
l'école théologique, doivent s'évanouir. Après une
période de tâtonnements pendant laquelle les re-
cherches individuelles sont tolérées, l'autorité pon-
tificale choisit le dogme unique auquel doivent se
soumettre toutes les consciences. L'unanimité n'est-
elle pas acquise, dans l'Église contemporaine, pour
proscrire l'esclavage et légitimer la propriété individuelle ? Et trouverait-on, maintenant encore, des
philosophes catholiques aussi disposés que Bordas-
Demoulin à s'enthousiasmer pour l'œuvre de la
Révolution ? — Mais admettons que le pape ait fixé
la doctrine : son unité désormais sera-t-elle absolue ? Nullement : chacun conserve le droit de tran-
cher à sa façon les questions délicates : « *in dubiis
libertas* » répètent volontiers les théologiens. Et ne
croyez pas que ce droit n'ait à s'exercer que sur des
subtilités théologiques : de graves problèmes mo-

raux sont laissés en suspens. Soit le problème politique : d'après les livres les plus récents des jurisconsultes catholiques, les fidèles ont le choix entre
deux doctrines : la doctrine appelée scolastique qui
admet une sorte de représentation nationale et la
doctrine du droit divin qui rejette toute représentation nationale. Ces deux théories sont contradictoires : si le pouvoir n'est légitime qu'à la condition
d'émaner de Dieu, il est illégitime lorsqu'il repose
sur la volonté populaire, et si le décret divin suffit
pour investir les rois du pouvoir suprême, l'appel
au peuple n'est qu'une formalité vaine et blasphématoire. Pourtant ces deux théories sont également
orthodoxes. Est-ce le seul problème dont la solution soit indécise ? Remarquez, au contraire, combien la doctrine religieuse, rigide en apparence si
l'on s'en tient à ses préceptes généraux, s'assouplit
dès qu'on descend au détail. Nulle part ailleurs que
dans l'Église on n'a plus insisté sur la fréquence et
l'importance des « cas de conscience ». Or, qu'est-ce
qu'un cas de conscience ? C'est une difficulté pratique que la doctrine ne résout pas : chaque « directeur » est libre de donner au fidèle qu'il conseille
le précepte qui lui paraît bon. Il est donc possible
que deux directeurs différents ne suggèrent pas,
dans le même cas, la même conduite. Ici encore
l'unité de la morale religieuse est en défaut. N'allez
pas croire qu'en signalant ces faits j'aie l'intention

d'adresser un reproche à la morale religieuse : elle
ne tombe pas sous ma juridiction ; mais, pour savoir
si la morale laïque peut acquérir l'unité de la morale religieuse, il importe de mesurer avec précision
cette unité : et nous constatons que si tous les théologiens s'accordent sur quelques préceptes généraux, cette unanimité disparait quand il s'agit
d'appliquer ces préceptes au détail de la vie quotidienne.

Dès lors pourquoi la morale laïque n'aurait-elle
pas un caractère analogue ? — Parce qu'il est impossible, répondent nos adversaires, de ramener à
l'unité les deux cent quatre-vingt définitions du bien
que les philosophes, dès le temps de Varron, avaient
imaginées. — Je ne suis pas sûr, Messieurs, que
ces définitions soient aussi variées que le croient,
avec les sceptiques, les ennemis de la morale rationnelle. Aucune ne dit que le plaisir brut soit le bien :
Aristippe lui-même, qui passe pour avoir soutenu
cette opinion, préfère à la jouissance la maîtrise de
soi durant la jouissance. Et, d'autre part, aucune
n'exclut entièrement le bonheur de la notion du
bien : Kant lui-même, qui passe pour le plus austère des moralistes, exige en définitive que l'homme
de bien soit heureux, et mieux encore, tout comme
l'eudémoniste Aristote ou l'hédoniste James Mill, il
déclare que, la misère étant « mauvaise conseillère »,
une certaine dose de bonheur est la condition de la

vertu. Toutes ces définitions du bien présentent
donc des traits communs. Je reconnais toutefois
que votre tâche serait malaisée si vous étiez con-
damnés à les condenser en une formule unique.
Mais pourquoi vous préoccuper de la variété de ces
théories ? Pas plus que le prêtre vous n'avez à fournir aux enfants une explication scientifique de vos
préceptes ; vous n'avez pas à faire d'hypothèses sur
le devoir : vous n'avez qu'à dire où est le devoir.
Les hommes tiennent la sincérité pour bonne et
pour mauvais le mensonge : voilà le fait. Comment
l'expliquer ? les philosophes discutent : c'est, disent
les uns, que la sincérité est utile, et le mensonge
nuisible ; c'est, disent les autres, qu'il est interdit
par la conscience, ou par Dieu. Vous n'avez pas à
choisir entre ces hypothèses : prenez le fait pour
acquis : que vos élèves pratiquent la sincérité, fuient
le mensonge, et votre mission sera remplie. Que la
lumière soit produite par l'émission de certains
corpuscules ou par le mouvement ondulatoire de
l'éther, elle n'en est pas moins lumineuse. Que le
bien soit ou ne soit pas l'utile, il n'en est pas moins
le bien. Je ne veux pas dire que vous ayez le droit
d'adopter au hasard la première venue des théories ; je ne vous prêche aucun scepticisme. Si, pour
expliquer la lumière, j'accepte la théorie de l'émission, je me refuse le moyen de connaître certains
phénomènes lumineux, la vitesse de la lumière, sa

transmission à travers des corps solides : de même si, pour expliquer la moralité, j'accepte une théorie fausse, je me refuse le moyen d'explorer à fond le domaine du bien. Il n'est donc pas indifférent, même au point de vue pratique, de posséder telle ou telle théorie morale : il importe de savoir choisir entre les systèmes celui qui exprime la vérité. Mais il importe surtout de noter avec exactitude les faits moraux, d'observer avec soin les efforts de l'homme vers le bien. L'expérience ainsi acquise vous permettra de choisir avec discernement entre les hypothèses morales des philosophes et surtout de proposer à vos élèves des préceptes moins contradictoires que les théories philosophiques.

Il n'est pas impossible, en effet, d'énoncer les préceptes dont tous les hommes reconnaissent la valeur morale. Leur formule tient en un mot : Sois juste. Sois juste envers toi-même : ne laisse pas en jachères le domaine que la nature t'a confié ; développe tes facultés, agis : il n'est pas juste que tu jouisses de la vie sans avoir fait effort pour mériter cette jouissance ; mais en revanche il n'est pas juste que tu montres du mérite sans en être récompensé. Sois juste envers toi-même : ne t'abaisse pas au rang de tes inférieurs, ne vis pas à la façon de l'animal; homme, sois homme ; être raisonnable, sois raisonnable, ne te laisse entraîner ni par l'instinct ni par la passion. Sois juste envers toi-même : dans les

mêmes circonstances, accomplis les mêmes actions
à moins que l'expérience ne t'ait prouvé qu'elles
étaient iniques. Sois juste envers autrui ; ce qu'on
a fait pour toi, fais-le pour ton égal ; le bonheur
dont tu jouis, assure-le à tes égaux ; récompense,
au moins de ta gratitude, les parents, les amis, les
inconnus, les ennemis même qui volontairement ou
non t'ont fait du bien. Sois juste envers autrui :
joins tes efforts aux siens pour que le nombre des
maux immérités diminue dans le monde, et si la
souffrance d'un homme te paraît méritée, crains que
ce jugement ne soit lui-même injuste. Sois juste
envers autrui, c'est-à-dire soumets ta volonté à la
volonté de celui dont tu reconnais le mérite supérieur. Dignité personnelle, respect d'autrui, voilà
l'idéal moral vers lequel tendent les hommes même
lorsqu'ils paraissent s'en détourner. L'orgueil n'est
qu'une contrefaçon de la dignité (c'est-à-dire de la
justice personnelle) comme la haine n'est qu'une
contrefaçon de la justice sociale. Tel qui excite
otre indignation par sa cruauté s'imagine qu'il
joue le rôle d'un justicier ; tel autre croit accomplir un acte de politesse quand il fait acte de ser-
vilté ; mais tous ont l'intention d'être justes. En
dépit des sceptiques, les hommes ont tous le même
idéal : la morale rationnelle peut donc présenter
de l'unité.

Sans doute cette unité n'est que relative. Chaque

homme interprète à sa guise l'idée de justice : dans leur application aux mille circonstances de la vie quotidienne, les préceptes de la morale rationnelle suggèrent mille attitudes différentes. Mais n'avons-nous pas vu que la morale religieuse ne possède pas une unité plus parfaite ? Et si la diversité relative de la morale religieuse ne détruit pas sa vertu pédagogique, pourquoi la morale laïque ne tirerait-elle pas de son unité relative une égale efficacité ?

II

La seconde raison pour laquelle on croit vulgairement à l'efficacité de la morale religieuse, c'est qu'elle paraît dictée et sanctionnée par Dieu.

Elle paraît dictée par Dieu : comment l'enfant n'obéirait-il pas aux ordres de l'Être suprême ? Plus s'élève dans la hiérarchie l'autorité qui donne l'ordre, plus l'obéissance est immédiate et ponctuelle : le soldat obéit à son colonel mieux qu'à son caporal. Si les préceptes moraux sont des « Commandements de Dieu », toutes les volontés doivent lui obéir sans hésitation et sans réserve.

D'autre part, la morale religieuse serait sanctionnée par Dieu. Il a promis aux bons un bonheur éternel ; il a menacé les méchants des peines de l'enfer. Il est le Tout-Puissant : il peut tenir ses

Promesses, accomplir ses menaces. Promesses et menaces divines influent sur la conduite de l'enfant : la perspective d'une éternité de souffrances dans les flammes de l'enfer peut le détourner du mal : même si son intelligence n'est pas formée, il comprend ce langage imagé. Le maître qui dispose d'un tel moyen d'action peut donc espérer que sa parole sera entendue : par la crainte et par l'espérance la morale religieuse agit efficacement sur les âmes.

Au contraire, la morale laïque n'est-elle pas privée de ces moyens d'action ? Toute incursion dans le domaine religieux vous est interdite : pas plus que vous ne pouvez nier vous ne pouvez affirmer devant vos élèves que Jéhovah a remis entre les mains de Moïse les Tables de la loi ou que l'ange Gabriel a dicté le Coran à Mahomet. Pas plus que vous ne pouvez nier vous ne pouvez affirmer devant vos élèves l'existence d'un paradis, d'un purgatoire et d'un enfer. Dès lors, votre morale n'inspirant à l'enfant ni craintes ni espérances ne risque-t-elle pas de demeurer trop abstraite ? Vous parlerez à sa raison, mais ferez-vous battre son cœur ?

Ne me répondez pas qu'à défaut des dogmes religieux vous avez le droit de recourir à certains dogmes métaphysiques. Même si, par la raison, vous arrivez à démontrer que la loi morale suppose un législateur suprême et réclame une sanction dans la vie future, vous n'aboutissez qu'à un Dieu abstrait ;

votre ciel est décoloré, votre enfer éteint. Vous laisserez planer devant l'esprit de vos auditeurs une espérance ou une crainte vague ; mais il ne voient pas de leurs yeux le Dieu de la métaphysique, ils ne voient pas de leurs yeux l'âme privée de son corps dans le paradis de la métaphysique. La religion leur dit au contraire que la chair ressuscitera pour jouir et pour souffrir ; son Dieu est un Dieu vivant dont la figure leur est familière : combien cette doctrine qui parle à l'imagination doit-elle être plus efficace que la vôtre sur des enfants de dix ans ?

Nous pourrions remarquer que ces procédés pédagogiques ne sont pas d'un ordre très relevé. Est-il légitime, lorsqu'on élève un enfant, de faire un constant appel à la crainte ? On le contraint à la vertu en dépit de sa volonté : on compromet son mérite moral. Mais nous n'avons pas à rechercher quelle est la morale la plus belle : nous cherchons quelle est la plus efficace. Attachons-nous aux œuvres sans trop scruter les intentions. A ce point de vue, une morale qui sait se faire obéir, serait-ce par la terreur, vaut mieux qu'une morale sublime mais impuissante. N'élevons donc aucune chicane sur la valeur morale des sanctions religieuses et cherchons simplement si l'autorité de la morale laïque est moins grande que l'autorité de la morale théologique.

Et d'abord l'autorité de la loi religieuse est-elle,
dans la pratique, aussi grande qu'elle devrait être
en théorie ? En fait, les hommes, même pieux, ne
savent pas toujours, quand ils font le bien, qu'ils
obéissent à Dieu et méritent le ciel. C'est seulement
quand les habitudes professionnelles ramènent souvent devant l'esprit l'idée du Créateur qu'on se
représente la loi morale comme une émanation de
la volonté divine. Un prêtre, comme saint Vincent
de Paul, cherche, quand un projet traverse son
esprit, s'il lui est inspiré par Dieu ; un théologien
comme Vinet se place, avant d'agir, « devant Dieu ».
Mais cette invocation n'est pas faite par la foule des
hommes de bien, même s'ils ont reçu une éducation religieuse. Au moment où ils font l'aumône,
songent-ils que l'aumône est prescrite par l'Evangile ? N'est-ce pas la vue de la misère qui excite
directement leur compassion ? ne font-ils pas la charité non pour obéir à Dieu mais pour soulager leur
prochain ? Nous pouvons quelquefois savoir, par des
témoignages directs ou indirects, ce qu'éprouvent
les héros au moment où ils accomplissent un acte
de dévouement : nous ne voyons pas qu'au moment
d'agir ils aient une vision céleste leur ordonnant
de se sacrifier : le sacrifice est trop spontané, quand
il est vraiment héroïque, pour que la pensée ait le
temps de remonter jusqu'à la cause première de
toutes choses. Sans doute, tous ceux qui, au moment

d'agir, ont pleinement conscience qu'ils obéissent à Dieu, trouvent dans cette pensée un encouragement. Mais de tels hommes sont rares : ceux mêmes qui théoriquement croient à l'autorité divine de la loi morale ne songent pas dans la pratique à son origine céleste : s'ils font une action, ce n'est pas parce que Dieu l'a décrétée vertueuse, c'est parce que leur propre conscience la représente comme telle.

De même il est vraisemblable que l'image des récompenses et des châtiments éternels aurait beaucoup d'influence sur la conduite des hommes si, au moment de l'action, elle se présentait à leurs yeux. Mais on peut douter qu'elle se présente. Rien n'est, il est vrai, plus facile à imaginer que l'enfer ; mais les hommes n'aiment pas contempler ce spectacle ; ils l'écartent surtout au moment de faire le mal. De sorte que l'efficacité des menaces divines est d'autant moindre qu'elle serait plus nécessaire. En outre, l'enfer est loin de nous : avant de mourir, tout coupable espère rentrer en grâce auprès de Dieu. Quand un individu fait un mauvais coup, disent les criminalistes, il ne songe à l'échafaud que pour s'assurer qu'il saura lui échapper. De même on ne songe à l'enfer, au moment de pécher, que pour se dire qu'on saura bien éviter ses flammes. Quant au paradis, il est plus difficile de l'imaginer : les joies promises, la béatitude, la contem-

plation de la divinité ne sont pas des joies sensibles :
aussi les hommes, avant de faire le bien, songent-ils
moins encore au bonheur céleste qu'ils ne songent,
en faisant le mal, aux peines de l'enfer. Ainsi l'idée
des sanctions divines n'intervient guère, en pratique, dans les délibérations des hommes. Aussi un
quasi-théologien, M. de Vareilles-Sommières, doyen
de la Faculté de droit de l'Institut catholique de
Lille, a-t-il pu écrire que les lois humaines sont
destinées à suppléer, par les sanctions qu'elles édic-
tent pour la vie présente, à l'insuffisance des lois
divines (1). Mais si les lois divines sont moins puis-
santes que les lois humaines, pourquoi une morale
humaine comme la vôtre ne serait-elle pas aussi
efficace que la morale religieuse ?

L'efficacité de votre morale dépendra de son caractère rationnel : la raison n'est pas sans influence
sur les hommes. Sans doute vous n'obtiendrez de
vos élèves aucun progrès moral en leur disant que
la Raison leur donne des ordres : la Raison n'est
pas une abstraction personnifiée, ce n'est pas une
déesse dont le culte remplacerait les pratiques religieuses. Mais vous serez compris si vous déclarez
telle action raisonnable et telle autre déraisonnable :

(1) *Principes fondamentaux du droit*, VI. Les lois hu-
taines répètent les lois divines en leur donnant une « sanc-
noit plus sensible pour les esprits grossiers que les sanc-
mions lointaines de l'autre vie ».

nul ne tient à passer pour faible d'esprit. Montrez donc à vos élèves que tout vice suppose faiblesse d'esprit. L'égoïsme vient d'une intelligence étroite, incapable d'embrasser dans son champ visuel les personnalités voisines. L'intolérance, c'est l'impuissance à expliquer l'erreur autrement que par l'insincérité. Ce sont des faiblesses intellectuelles, parfois de simples oublis, qui suscitent les rivalités mondaines, excitent les susceptibilités, avivent les haines. Ce sont des jugements téméraires, œuvres d'esprits paresseux, ou des jugements partiaux, résultats d'enquêtes partielles, qui donnent naissance aux querelles sociales. Derrière toute méchanceté vous pouvez deviner un « malentendu », c'est-à-dire une faute de jugement, une erreur. Les méchants peuvent montrer de l'intelligence et de l'esprit : ils n'en ont pas moins un défaut intellectuel qui engendre leur vice moral. Si les hommes étaient fermement convaincus de cette vérité, ils trouveraient au vice moins de charme, et l'autorité de la loi morale grandirait à mesure qu'apparaîtrait davantage son caractère rationnel.

D'autre part l'autorité de la loi morale grandirait à mesure qu'elle serait mieux identifiée au devoir de justice. L'idée de justice, que les animaux mêmes comprennent et utilisent (des naturalistes racontent que les corneilles constituent parfois des tribunaux pour juger, condamner et exécuter les malfaiteurs de leur espèce), ne manque pas de prestige aux yeux des enfants. N'avez-vous pas remarqué que vos élèves usent et abusent du mot « justice » ? Ils sont prompts à juger, au nom de la justice, leurs camarades et leurs maîtres ; ils se surveillent mutuellement dans leurs jeux ; ils vous épient de peur que vous ne favorisiez les uns au détriment des autres. Dites-leur : « Cela n'est pas bien », ils comprendront mal et tenteront de sourire, l'idée du bien est une idée abstraite et le mot « bien » un mot pédant. Mais dites-leur : « cela n'est pas juste », ils dresseront l'oreille et réfléchiront. Montrez-leur donc que tous leurs devoirs se ramènent au devoir de justice : sans faire violence à la vérité, vous ferez profiter votre enseignement de l'autorité qu'exerce l'idée de justice sur l'esprit humain.

Mais vous trouverez sans doute que l'idée de justice est trop austère pour séduire vos écoliers. Je vous répondrai qu'il n'est pas interdit de faire appel à leurs sentiments pourvu qu'ils soient rationnels. Vous ne pouvez ni leur promettre une félicité surnaturelle ni les menacer d'un tourment mystérieux, mais vous pouvez leur promettre des joies naturelles ou les menacer de peines terrestres. La morale rationnelle connaît des sanctions. Il est certaines vertus, modestes il est vrai, dont la pratique assure quelque bonheur ; il est certains vices dont la pratique entraîne la souffrance. Vous pouvez affirmer

au tempérant qu'il jouira de la santé s'il est doué
d'une bonne constitution ; vous pouvez affirmer à
l'alcoolique que ses malaises s'aggraveront, que son
organisme ne saura pas résister aux invasions de
microbes dangereux, qu'il mourra d'une mort pré-
maturée. De même, la prudence garantit les hommes
contre une foule de maux. Comme la prudence
humaine est naturellement excessive, je ne vous
engage pas à insister sur ses bienfaits. Il n'en est
pas moins vrai que des espérances et des craintes
rationnelles, fondées sur des lois de la nature,
sanctionnent les vertus modestes que je viens de
citer : vous avez le droit de faire jouer ces ressorts
de l'âme humaine.

Un autre mobile dont le secours vous sera plus
précieux, c'est l'amour-propre. L'amour-propre est
un sentiment si universel que certains moralistes le
tiennent pour l'unique sentiment du cœur humain.
Ne le cultivez pas pour lui-même : il donnerait
naissance à l'égoïsme ou à l'orgueil. Mais utilisez
sa présence. Montrez à l'enfant que le vice dégrade,
que le mensonge nous sépare de la société humaine
et arrête à la limite de notre personne la portée de
nos actions. Montrez-lui qu'au contraire notre valeur
augmente quand nous avons réalisé plus de justice,
maintenu ou créé dans le monde, par un acte charitable, des foyers d'activité. L'amour-propre a sur
les hommes plus d'influence que la crainte. Vous

détournerez plus aisément un alcoolique de son vice
en lui montrant qu'il tue ses enfants qu'en lui montrant qu'il se tue lui-même. Faites donc appel au
sentiment de l'amour-propre et à ses dérivés. Mais
que vos élèves ne connaissent pas le faux amour-
propre ; qu'ils n'aient pas honte de leurs vertus,
qu'ils n'éprouvent que des fiertés légitimes. L'amour-
propre ainsi entendu donne à la loi morale sa sanction naturelle.

Ainsi votre morale, édictée et sanctionnée par une
autorité légitime et puissante, la raison, ne peut
manquer d'être efficace : bien que vous n'ayez recours
à aucun procédé surnaturel, vos leçons ne demeure-
ront pas lettre morte.

En résumé, n'éprouvez aucun découragement si
vous entendez railler l'impuissance de la morale
laïque. Votre enseignement peut avoir autant d'action qu'un autre sur la conduite des enfants. Sans
renoncer à la liberté de votre conscience, vous pouvez vous constituer une doctrine rationnelle dont
les préceptes généraux seront identiques dans toutes
vos écoles. En dépit de divergences de détail qu'une
morale religieuse ne peut d'ailleurs éviter, l'unité
de la morale laïque est suffisante pour inspirer confiance à vos élèves et à vous-mêmes. Sans rattacher
vos préceptes à la parole divine et sans demander
à la révélation la liste des récompenses et des châtiments surnaturels, vous pouvez donner à votre

morale une autorité suffisante, puisque l'idée de justice, l'âme de cette morale, exerce sur les hommes
un ascendant incontestable ; vous pouvez lui donner
prise sur les cœurs en suscitant chez vos élèves des
sentiments rationnels. L'unité et l'autorité de votre
morale n'ont pas le même principe que l'unité et
l'autorité de la morale religieuse ; et pourtant votre
morale ne manque ni d'unité ni d'autorité : elle est,
tout comme une autre, propre à déterminer la conduite des enfants.

Mais, pour qu'elle soit efficace, il faut que vous
le vouliez. La vertu pratique d'une doctrine dépend
moins de ses caractères intrinsèques que de l'ardeur de ses partisans. Combien les créateurs de
l'enseignement primaire en France ont-ils eu raison
de vous répéter que l'enseignement de la morale
exige de l'instituteur toute son âme (1). Pour aug-
menter la puissance éducatrice de votre enseignement moral, il est inutile d'en changer l'esprit et
de le rattacher à un dogme théologique ; mais il
faut que vous apportiez à vos leçons tout votre enthousiasme. Si je suis bien renseigné, vous vous
croyez autorisés à vous confiner dans les études
scientifiques, vous ne consacrez qu'un temps res-
treint aux lectures et aux méditations morales.

(1) Voir, en particulier, un article de Pécaut dans la *Revue
pédagogique* de 1881.

Pourtant, ce sont ces exercices qui vous inspire-
raient les paroles efficaces ; ce sont ces exercices
qui donnent à l'enseignement du prêtre son autorité. La morale laïque n'est dépourvue d'aucun des
instruments qui confèrent à la morale religieuse sa
puissance sur les âmes ; l'enfant qui sortira de votre
école sans entrer dans une église pourra devenir un
homme de bien. Mais tout dépend de vous, de votre
confiance dans la morale rationnelle, de votre ardeur
à l'apprendre et à l'enseigner. Je serais heureux si
notre entretien vous avait inspiré assez de confiance
et assez d'ardeur pour que vos élèves prouvent par
leur conduite l'efficacité de la morale laïque.

III

L'ESPRIT CRITIQUE

L'ESPRIT CRITIQUE (1)

Mesdames, Messieurs,

Le titre de cette conférence a pu vous abuser. Vous avez vu que je désire vous parler de l'esprit critique et vous avez pu croire que ce sujet serait plaisant. On confond, en effet, assez souvent l'esprit critique et l'esprit satirique : or, soit en vous présentant des modèles de satires, soit en traçant le portrait des satiristes qui, raillant tout, tombent eux-mêmes dans le ridicule, un orateur spirituel pourrait vous égayer. Mais telle n'est pas ma prétention. L'esprit critique ne consiste pas à chercher de parti pris les défauts ou les travers des hommes ; il n'est qu'un autre nom de l'esprit scientifique : c'est l'habitude de ne rien affirmer, de ne rien nier sans preuve. Le terme « critique » vient d'un mot grec qui signifie *juger* : l'esprit critique, c'est l'art de juger ; être doué d'esprit critique, c'est savoir

(1) Conférence faite à Saint-Brieuc, le 15 février 1900, sous les auspices de la Société des Conférences populaires.

juger selon les règles de la logique. Vous voyez que
mon sujet ne manque pas d'austérité.

Et sur ce sujet grave, je ne vous apporte que deux
propositions graves : en premier lieu, il est pénible,
et en second lieu, il est obligatoire d'acquérir l'esprit critique.

I

L'esprit critique ne s'acquiert pas sans peine.
Nous devons, pour l'acquérir, résister de toutes
nos forces à l'un de nos besoins les plus impérieux,
le besoin de croire.

Nous sommes poussés à affirmer l'existence des
choses que nous voyons, touchons ou entendons,
et à nier l'existence des objets qui ne frappent pas
nos sens. Il nous semble absurde de révoquer en
doute un fait dont nous avons été témoin : « Je l'ai
vu, dis-je, de mes propres yeux vu, ce qui s'appelle
vu » : aucun argument ne prévaut contre le témoignage de nos sens.

Nous avons parfois raison de croire à leur fidélité ; pourtant cette confiance n'est pas toujours justifiée. Que la lumière du jour augmente ou diminue
d'intensité et les collines qui tout à l'heure parais-
saient rapprochées de vous s'éloignent soudain. Vos
yeux vous disent que les ombres sont noires : les
savants vous démontreront qu'elles sont colorées.

Faites raconter la scène la plus simple, un accident de voiture, par les trois ou quatre personnes qui l'ont vu de leurs yeux : vous aurez trois ou quatre récits différents : pour l'une, le cocher faisait marcher son cheval à une allure excessive ; pour l'autre, c'est la victime qui a eu le tort d'être distraite. Pourtant les témoins n'ont pas intérêt à prendre parti ; le fait est le même pour tous : mais chacun a ses yeux et affirme énergiquement ce que ses yeux voient sans se douter qu'ils peuvent voir mal Les erreurs des sens sont si dangereuses que les savants eux-mêmes ne les évitent pas toujours. Buffon n'affirmait-il pas que l'éléphant tette par la trompe ? Un observateur minutieux, le baron de Maltzan, parle, dans un de ses livres sur l'Afrique du Nord, des minarets hexagonaux de la ville de Tunis : or, aucune mosquée de Tunis ne possède de pareilles tours. Pourtant, Maltzan croit les avoir vues, de ses yeux vues. Il a cru voir, mais il s'est trompé. Nous sommes tous victimes de telles illusions, mais si vif est notre besoin de croire aux renseignements de nos sens que nous ne songeons pas à critiquer leur témoignage.

Pour critiquer le témoignage des sens, il faut connaître les causes qui troublent leur exercice normal. C'est d'abord la distraction : notre esprit n'aperçoit distinctement qu'un petit nombre d'objets ; dès qu'on attire son attention d'un côté, il ne

voit plus ce qui se passe de l'autre. C'est en second
lieu le raisonnement : Maltzan ne voit que trois
faces aux minarets de Tunis ; or, on voit en général
la moitié des faces d'un bâtiment : en voit-on deux,
il est quadrangulaire ; il est hexagonal si l'on en
voit trois ; un octogone devrait montrer quatre de
ses côtés. Maltzan, appliquant la loi générale, croit
donc que les tours des mosquées sont hexagonales.
Mais il raisonne mal, car la loi générale comporte
des exceptions. Une tour octogonale ne montre que
trois faces à un observateur éloigné, car il ne voit
ni l'un ni l'autre des deux pans qui sont parallèles
à l'axe de la vision. L'erreur vient donc d'un abus
inconscient de la généralisation. — Est-il besoin
d'insister sur les autres causes d'erreur, sur le préjugé et la passion qui, à parler sans métaphore,
peuvent « aveugler » les hommes ? Je ne le crois
pas : vous voyez pour quelles raisons nous avons
tort d'accorder à nos sens trop de crédit.

Connaissant les causes de nos erreurs, nous pouvons trouver les remèdes. Nous écarterons les illusions les plus grossières si nous savons purger
notre esprit des préjugés et des passions, si nous
savons concentrer sur l'objet nos efforts d'attention.
Nous écarterons toutes les illusions si nous n'affirmons rien avant d'avoir contrôlé les renseignements
fournis par les sens. Nous croyons voir à l'horizon
une construction ronde : n'affirmons pas qu'elle est

ronde avant d'en avoir fait le tour. A l'œil nous jugeons qu'une colline est séparée de nous par une distance de cinq kilomètres : n'affirmons rien avant d'avoir fait le nombre de pas correspondant à cette distance. Si nous sommes habitués à mettre dans nos appréciations plus de nuances, à tenir compte de tous les changements de lumière, nous pourrons avoir foi dans le témoignage de nos yeux ; mais pour acquérir cette habitude, il a fallu noter toutes les illusions de la vision spontanée, il a fallu les corriger en multipliant les observations, en les variant, en les contrôlant les unes par les autres. Toutes ces précautions donnent ce qu'on appelle l'esprit critique, et elles sont trop nombreuses, trop compliquées pour qu'il soit facile d'acquérir cette qualité.

La critique de la connaissance sensible n'est pas la plus pénible. Mais nous ne pouvons pas toujours appuyer nos assertions sur l'autorité de nos sens : souvent nous faisons appel à notre mémoire. Et nous sommes poussés à affirmer l'existence des faits qu'elle nous rappelle : ce besoin est presque aussi vif que le besoin d'adhérer aux suggestions de nos sens. Ceux mêmes qui se défient de leur mémoire, parce qu'ils n'ont jamais retenu les dates de l'histoire ou les règles de l'orthographe, s'obstinent à lui accorder leur confiance quand elle leur rappelle un événement passé. Tel qui serait incapable, mal.

gré des efforts soutenus, de retenir pendant deux heures un texte de deux lignes, prétendra répéter avec exactitude des paroles entendues la veille ou même la semaine précédente. Et il se fâchera volontiers contre quiconque mettrait en doute non pas la sincérité de son récit, mais la fidélité de ses souvenirs. « Les hommes se plaignent de leur mémoire », dit avec raison le moraliste ; mais il pourrait ajouter qu'ils ont confiance en elle et n'aiment pas qu'on la suspecte.

Pourtant, la mémoire a, pour nous faire connaître la vérité, moins de valeur que les sens. Vous pourrez vous-même en faire l'expérience. Le jour où un événement important traversera votre vie, notez-en avec soin tous les détails. Puis, un an après, écrivez de mémoire un nouveau récit. Comparez alors les deux textes et vous serez surpris des différences. Cependant, j'ai choisi à dessein un événement important, qui a fait impression sur votre esprit, que vous croyez vous rappeler dans le plus grand détail. Que serait-ce s'il s'agissait des menus faits de la vie courante, des conversations banales ou des actes insignifiants ? Non seulement nous oublions, mais nous altérons les événements passés. Même les plus récents sont déjà dénaturés. Au début de la guerre du Transvaal, les journaux nous parlèrent un beau matin de certain « camp de César » où s'était livré un combat autour de Ladysmith. Le lendemain, un journaliste, au lieu d'écrire « camp de César » écrivait « camp romain ». D'un jour à l'autre, l'imagination avait altéré le souvenir ; le mot « César » avait amené le mot « romain », bien que les Romains n'aient jamais construit de camp dans l'Afrique du Sud. Un aide de camp du maréchal Mac-Mahon racontait jadis une anecdote analogue ; le lendemain de la bataille de Solférino, l'état-major français rédigeait le récit de la journée ; mais le récit des officiers parut inexact au chef d'état-major qui le fit modifier, et le texte modifié parut inexact au maréchal. Les acteurs les plus importants du drame ne pouvaient s'entendre sur l'ordre des péripéties : c'est que déjà leurs souvenirs n'étaient plus l'expression de la vérité. Ainsi nos souvenirs ne nous présentent que des fragments épars et des reproductions infidèles du passé. Nous avons tort d'accepter sans critique les récits de notre mémoire

Pour critiquer nos souvenirs, remontons aux sources des erreurs de mémoire. La première, c'est la distraction. Si nous sommes incapables de voir tous les objets qui se présentent à nos sens dans un même instant, à plus forte raison sommes-nous incapables de saisir tous ceux qui se sont offerts à nous pendant tous les moments de notre vie passée. Ils sont en nombre infini : notre esprit fini se perdrait dans leur chaos ; l'attention se détourne donc du passé, et comme l'attention est la condition nécessaire d'une connaissance exacte, vous comprenez pourquoi la connaissance du passé manque d'exactitude.

En outre, plus ou moins inconsciemment, nous insérons des raisonnements dans nos souvenirs ; nous comblons par des fictions les lacunes de notre mémoire. Je me rappelle le début et la fin d'un vers, mais j'ai oublié les mots intermédiaires : je les imagine, mais je ne retrouve pas toujours par ce moyen les mots choisis par le poète : il suffira cependant que le sens soit raisonnable et que le nombre des pieds soit juste pour que je prenne ma fiction pour un souvenir fidèle. Parfois nous mêlons à nos souvenirs l'interprétation que nous avons donnée des faits qu'ils rapportent. J'ai vu un cheval tomber dans la rue, et aussitôt j'ai dit : « le pavé est glissant ». Pure hypothèse. Mais plus tard, me rappelant cette journée, je dirai : « c'était le jour où le pavé était si glissant que les chevaux tombaient ». J'ai oublié le caractère hypothétique de mon interprétation et la mémoire me présente comme certain un fait qui n'était que probable.

Enfin, la passion dénature nos souvenirs. Dans les événements auxquels j'ai été mêlé, la mémoire m'attribue non le rôle que j'ai joué, mais celui que j'aurais voulu jouer. La passion ayant le privilège de grouper autour d'elle toutes les idées de l'esprit, les souvenirs qui lui seraient contraires n'apparaissent pas à la conscience. Vous voyez que les illusions de la mémoire sont de même nature que les illusions des sens. Mais les causes qui troublent la connaissance sensible agissent plus puissamment sur le souvenir : aussi les erreurs de la mémoire sont-elles plus nombreuses que les erreurs des sens.

Pour la même raison, il est plus difficile d'éviter ces erreurs. Pour contrôler nos souvenirs, nous n'avons pas le secours de l'expérience immédiate Heureusement, nous pouvons recourir à d'autres expédients. Le meilleur consiste à comparer nos souvenirs à des témoignages contemporains des événements : un rapport rédigé sur-le-champ serait un excellent terme de comparaison. A défaut de ce moyen de contrôle, nous invoquerons les souvenirs des témoins dont nous ne suspectons ni l'impartialité ni la sincérité : en comparant ces souvenirs aux nôtres, nous pourrons reconstituer la scène, éliminer les détails que notre imagination aurait inventés, combler les lacunes créées par l'oubli. Peut-être direz-vous qu'il est impossible de se livrer, à propos de chaque souvenir, à une enquête aussi minutieuse. Pourtant, si vous voulez atteindre la vérité, vous ne pourrez guère vous dispenser de ces précautions : vous ne le pourriez qu'en faisant l'éducation de votre mémoire, qu'en l'habituant par des exercices répétés à garder tout ce qui lui est confié sans rien ajouter et sans rien retrancher. Encore

sera-t-il nécessaire, son éducation faite, de mettre
à l'épreuve par des expériences fréquentes sa fidélité et sa ténacité : vous écrirez par exemple le récit
d'une promenade, d'une conversation, et vous vous
imposerez l'obligation, huit ou quinze jours après,
de conférer vos souvenirs à ce récit. Vous obtiendrez ainsi la moyenne des déchets que laisseront
vos souvenirs ; vous saurez dans quelle mesure vous
devez vous défier de votre mémoire. Cette méthode
ne vaut pas celle qui consiste à contrôler tout souvenir soit par des documents contemporains de
l'évènement soit par les souvenirs d'autrui. Mais les
deux méthodes réclament de ceux qui les emploient
une certaine dose de patience. La critique des souvenirs n'est donc pas plus facile que la critique des
perceptions.

Quand nous n'avons pour affirmer ou nier ni
l'autorité de nos sens ni celle de notre mémoire,
nous n'en sommes pas moins prompts à juger : il
suffit qu'autrui nous en donne l'exemple. « Cela est
vrai, car un tel me l'a dit ; et pourquoi l'aurait-il
inventé ? » Ou encore : « c'est écrit dans le journal, donc c'est exact ». Notre tendance à affirmer
reçoit dans ce cas un secours sérieux de notre
paresse : accepter la vérité de la bouche d'autrui,
cela nous dispense de la chercher nous-même. A quoi
bou regarder si les yeux d'autrui regardent pour

moi? A quoi bon discuter si des intelligences comme la mienne font pour elle ce travail ? Notre inertie intellectuelle imagine toutes sortes de sophismes pour nous inviter à affirmer, sans la moindre critique, tout ce qu'on affirme autour de nous.

Ai-je besoin de vous démontrer combien est illégitime cette crédulité ? Les autres ne sont pas plus infaillibles que nous : même sans mauvaise intention ils peuvent nous tromper en se trompant. Nous aurions donc à contrôler leurs assertions comme nous avions à contrôler les suggestions de nos sens ou de notre mémoire. En outre, il leur arrive de nous mystifier ou de nous duper. Des savants ont été trompés par un mauvais plaisant qui leur apportait des autographes de Pascal et de Newton. Et cependant ces textes présentaient de grossières invraisemblances. A plus forte raison pouvons-nous être induits en erreur par des menteurs habiles. Il suffit qu'un récit ne soit pas invraisemblable, qu'il ne soit contraire à aucun des faits de notre expérience et à aucune des lois connues de la nature pour que, n'ayant aucune raison de suspecter là sincérité de notre interlocuteur, nous donnions notre adhésion à ses paroles.

Comment obtenir la preuve qu'autrui ne nous trompe pas ? Nous pouvons lui demander d'abord des pièces à conviction. Entre deux témoins dont l'un vous apporte sa parole, fût-elle sincère, fût-elle accompagnée des serments les plus solennels, et dont l'autre vous montre un document matériel, ·n'hésitez pas : choisissez le second. Dans un procès récent, l'un des témoins, revêtu d'une charge importante dans l'Etat, déclarait : j'assure sur mon honneur, que M. X. est venu tel jour dans tel ministère. — Ce jour-là, répondait M. X., j'étais à cent lieues de Paris, ainsi qu'en témoigne tel document en votre possession. En dépit de l'importance du premier témoin, le second méritait plus de confiance puisqu'il donnait le moyen de contrôler ses assertions par un document qu'il n'avait pu fabriquer pour les besoins de sa cause. Réciproquement, un témoin qui, soit en détruisant des pièces, soit en les dissimulant, empêcherait de contrôler son récit, serait avec raison disqualifié.

Si vous ne pouvez contrôler l'assertion d'autrui par un document matériel, cherchez d'autres témoins et comparez les récits. Ils seront différents : les lois que je vous signalais tout à l'heure vous ont appris que des esprits différents ne peuvent pas recevoir les mêmes impressions des mêmes choses. Et même si plusieurs récits se ressemblent trop, soyez en defiance : cette ressemblance n'est pas naturelle : il est probable que les témoins se sont concertés avant de parler, et s'ils se sont concertés, c'est qu'ils n'avaient pas l'intention de se fier tout naïvement à leurs souvenirs. Au contraire, si les témoignages

presentent des divergences, armez-vous de patience;
distinguez ce qui est commun aux divers récits et
ce qui est propre à chacun d'eux, tâchez d'expliquer les divergences par les particularités intellectuelles ou morales de chaque témoin ; cherchez quel
est celui qui mérite le plus de crédit ; après toutes
ces enquêtes délicates, vous reconstituerez une scène
qui s'approchera sans doute de la vérité.

Cette méthode n'est pas toujours applicable ; nous
n'avons parfois qu'un témoin. En ce cas, nous ne
pouvons guère atteindre la certitude. Nous tâche-
rons de savoir si notre homme a réellement vu l'événement qu'il raconte, s'il était placé de manière à
le bien voir, s'il est assez intelligent pour éviter
l'erreur, s'il est impartial et sincère. Même si nous
n'avons pas de renseignements sur son compte,
nous chercherons dans son récit les signes de la
vérité. Il est rare qu'un menteur persiste logiquement dans son mensonge. Malgré lui, il est obsédé
par le vrai ; son récit est un tissu de vérités et d'erreurs dont les incohérences doivent exciter nos
soupçons. Mais la critique d'un témoignage isolé
n'aboutit jamais à des conclusions très solides ;
quand nous n'avons qu'un témoin, disent les juristes,
c'est comme si nous n'en avions pas ; quand nous
n'avons qu'un témoin, nous n'avons pas le droit de
sortir du doute.

Il est de même bien difficile de retrouver la vérité

quand le récit qu'on nous fait n'est que le récit d'un
récit. Dans ce cas, on peut dire que la réalité est
d'autant plus dénaturée que le nombre des témoins
intermédiaires est plus grand : le premier témoin,
le témoin oculaire, altère, volontairement ou non,
l'événement auquel il assiste ; le second altère le
récit du premier ; nous nous écartons donc de plus
en plus de la vérité, à moins que, par un hasard
surprenant, le second corrige, sans le savoir, les
erreurs du premier. Avant de croire aux paroles
d'un témoin, la première précaution à prendre est
donc de chercher si ce témoin a vu ce qu'il raconte ;
s'il tient son récit d'un autre, posons à cet autre la
même question ; tenons compte — pour les critiquer — des dépositions des témoins oculaires, mais
écartons de parti pris toutes les autres. Peut-être
cette méthode nous empêchera-t-elle souvent d'affirmer, mais à coup sûr elle nous empêchera souvent de porter des jugements faux. Notre besoin de
croire est tel que l'emploi de ces procédés nous
causera de la gêne ; mais je ne vous ai pas promis
de démontrer qu'il est agréable d'acquérir l'habitude de la critique.

Voici un dernier groupe d'affirmations pour lesquelles nous éprouvons un penchant aussi irrésis-
tible qu'injustifié ; ce sont tous les jugements relatifs aux choses invisibles. Nous jugeons l'avenir

d'après le présent et le passé. Nous n'hésitons guère à prédire le temps qu'il fera demain ; nous tirons l'horoscope de nos enfants ou de nos élèves ; nous faisons des prophéties sur l'avenir de notre pays ou de notre race. On peut même remarquer que nos prévisions sont d'autant plus fermes qu'elles sont plus téméraires. Aucune science n'autorise moins de prévisions que la météorologie, si ce n'est la science des caractères et la science des sociétés. Le savant, avant de dire qu'il pleuvra demain, réunit et compare une foule d'observations que le télégraphe lui apporte de tous les points du globe. Quant au psychologue et au sociologue, ils n'ont pas encore recueilli un nombre de faits suffisants pour déterminer non pas la loi d'évolution des caractères ou des sociétés, mais les lois plus modestes qui permettraient, étant donné un caractère ou un état social, de dire ce qu'il deviendra demain. Mais, tandis que les savants doutent, nous continuons à affirmer sans hésitation que dans cent ans les races latines seront mortes et qu'un écolier qui ne sait pas ses sous-préfectures périra sur l'échafaud.

De même que nous jugeons l'avenir d'après le passé, nous jugeons l'inconnu d'après le connu. Il nous suffit d'apercevoir quelques échantillons d'une espèce pour apprécier l'espèce tout entière. Après avoir passé quelques jours, parfois quelques heures, dans une tribu sauvage, des voyageurs nous rapportent la description complète de son caractère. Aussi arrive-t-il que des voyageurs différents nous tracent, des mêmes peuplades, des portraits contradictoires : l'un déclare religieux les mêmes sauvages que l'autre trouvait athées ; l'un ne voit qu'honnêteté, sincérité, où l'autre n'a rencontré que vols et mensonges. Mais nous sommes tous aussi pressés de juger que ces observateurs superficiels. Rien n'est plus commun dans nos conversations que les jugements qui englobent toute une ville, toute une nation, ou même toute l'humanité : les Toulousains sont musiciens et les Méridionaux sont bavards ; les Anglais sont pleins de morgue et les Allemands ont l'esprit lourd.

De même, bien qu'il soit difficile de trouver la cause des phénomènes, nous croyons souvent la découvrir à première vue : le nombre des jeunes criminels augmente en France à partir de 1882 : combien de nos concitoyens s'empressent de remarquer que, les lois scolaires portant la même date, c'est l'école laïque qui a fait tout le mal ! — Parmi les causes il n'en est pas de plus difficiles à discerner que les causes spirituelles, les motifs des actions humaines, qui par essence échappent à notre regard. Mais il n'en est pas que nous prétendions découvrir avec plus d'aisance. Qu'un acte d'autrui nous cause de la peine, nous affirmons qu' « il l'a fait exprès ». Certains sauvages ne croient pas à la mor

naturelle : à leurs yeux, elle est toujours l'effet d'un
maléfice ; de même nous ne croyons pas au mal
involontaire : à nos yeux tout mal est le produit de
la malice. D'autre part, nous jugeons, non seulement les sentiments mais les idées d'autrui d'après
des signes extérieurs qui les traduisent mal. « Le
silence est quelquefois signe de modestie et de jugement, et quelquefois de bêtise. La lenteur marque
quelquefois la prudence, et quelquefois la pesanteur
de l'esprit. Le changement est quelquefois signe
d'inconstance, et quelquefois de sincérité (1) ». La
timidité, c'est-à-dire la modestie, et l'orgueil, son
contraire, nous dictent des attitudes identiques : le
timide ne fraie pas plus avec ses semblables que
l'orgueilleux. Mais le caractère équivoque de ces
signes ne nous frappe pas et nous affirmons sans
hésiter qu'un homme silencieux manque d'esprit,
ou qu'un homme inconstant manque de sincérité.

On n'éviterait toutes ces erreurs qu'en employant
dans la vie courante les procédés de la méthode
scientifique. Les savants, avant d'énoncer une loi
générale, répètent leurs expériences afin de décou
vrir les exceptions et d'éliminer les coïncidences.
De même, avant d'affirmer que les Anglais sont
hautains il faudrait faire la connaissance d'un grand
nombre d'Anglais ; avant d'affirmer que l'école

____

(1) *Logique de Port-Royal*, IIIe P., ch. 20.

laïque est l'école du crime il faudrait chercher si
la promulgation des lois scolaires est le seul fait
social qui, vers 1880, a pu provoquer une recrudes-
cence de la criminalité juvénile. Les savants, avant
d'édifier leurs théories, inventent un grand nombre
d'hypothèses vraisemblables entre lesquelles décide
l'expérience ; de même nous ne devrions jamais,
dans la vie courante, nous arrêter à notre première
supposition ; nous devrions au contraire, par un
effort d'imagination, multiplier les hypothèses, les
soumettre au contrôle des faits et n'adopter que
celle qui explique exactement tous les détails des
événements. Si nous commettons tant de jugements
téméraires, c'est que nous avons l'esprit étroit et
l'imagination pauvre : nous nous laissons hynopti-
ser par une idée. Mais pour multiplier les observations, répéter les expériences, imaginer des hypothèses nombreuses et choisir entre elles, il est
nécessaire d'avoir quelque patience : est-ce dans la
pratique de cette vertu modeste que vous trouverez,
en général, vos plus vives satisfactions ?

En résumé, dans tous les cas où nous sommes
poussés à juger par les penchants paresseux de notre
esprit, nous ne pouvons résister à ce besoin que
par un effort d'attention. Seule l'attention nous permet de discerner la vérité de l'erreur en contrôlant les jugements spontanés que nous formulons
sans preuves. Or, l'attention — les psychologues

contemporains l'ont démontré — est un état anormal. Par nature, l'homme est distrait ; dès que l'attention se prolonge, elle devient pénible. Pour acquérir l'esprit critique, nous devons lutter contre nos instincts, contre notre paresse, notre distraction et notre besoin naturel d'affirmation ; j'avais donc raison de vous avertir que l'acquisition de l'esprit critique est pénible.

II

La conclusion à laquelle nous venons d'aboutir pourrait vous décourager. S'il est si difficile de prendre l'habitude de la critique, renonçons à la prendre. Cet instrument de recherche scientifique est inutile dans la vie courante. Il est certain que le télescope et le microscope augmentent l'étendue et la précision de la vue ; pourtant nous ne vivons pas avec ces lunettes devant les yeux. De même, laissons aux savants l'habitude de douter longuement avant d'affirmer, cédons au besoin de croire qui nous est si naturel. Le philosophe qui a contribué le plus puissamment aux progrès de l'esprit critique, le théoricien du doute méthodique, Descartes, n'est-il pas de cet avis ? Ne dit-il pas que sa méthode ne doit pas être appliquée en dehors de la science ?

Nous répondrons : peu importe l'avis de Descartes.

Nous lui serions infidèles si nous acceptions sans raison son autorité. Qu'il ait ou non réservé le doute méthodique à la science, il n'en est pas moins vrai que ce doute est applicable dans la vie pratique.

Ce n'est pas seulement dans la science, c'est dans la vie que nous avons besoin de certitude. Même pour satisfaire les appétits physiques, il importe de ne pas se tromper. Il n'est pas indifférent de porter un jugement faux sur la distance qui nous sépare du terme d'un voyage ou sur la maturité d'un fruit que nous voulons manger ; l'erreur nous exposerait à coucher en plein air ou à souffrir d'une indigestion.

Notre vie sociale, comme notre vie individuelle, est sous la dépendance de nos jugements. Est-il indifférent de porter sur autrui un jugement vrai ou un jugement faux ? de lui attribuer à tort ou à raison telle action méritoire ou telle action criminelle ? La réputation des hommes dépend moins de leurs propres actes que de la manière dont ils sont jugés ; il importe donc de les bien juger. Parfois, ce n'est pas seulement l'honneur, c'est la liberté ou la vie d'autrui qui est à la merci de nos jugements. Il peut arriver à chacun de nous d'être désigné par le sort pour siéger au jury et juger notre prochain. Il peut arriver à chacun de nous de déposer devant un tribunal. Si nous n'avons pas acquis l'habitude

de la critique, nous nous exposons à condamner
des innocents ; nous accepterons le témoignage
d'hommes qui n'ont rien vu de ce qu'ils racontent ;
nous ne saurons pas discerner l'erreur de la vérité
dans les récits que nous entendrons ; nous jugerons
les accusés sur la mine, et comme en général leur
mine n'est pas brillante, nous les jugerons avec
sévérité. Témoins, nous aurons dans notre mémoire
une confiance excessive et nous affirmerons, sous
la foi du serment, le mélange d'erreurs et de vérités
que contient tout souvenir. Pour nos semblables
comme pour nous-mêmes il n'est pas indifférent
que nous soyons ou non doués d'esprit critique.

L'esprit critique est utilisable dans la vie politique comme dans les relations sociales. Nos opinions politiques se ramènent à quelques affirmations
et à quelques négations : « tous les hommes ont (ou
n'ont pas) les mêmes droits ; la souveraineté appartient à l'élu de Dieu — ou à l'élu du peuple — ou
au peuple ; les chefs de tel parti politique agissent
bien ou agissent mal. Mais chacun de ces jugements
mérite d'être motivé ; suivant que nous portons l'un
ou l'autre, nous appartenons à un parti ou à l'autre ;
il importe donc de savoir quelle est la valeur com
parée de ces affirmations ; il importe de les soumettre
à la critique.

Enfin notre vie religieuse dépend, elle aussi, de
quelques jugements. Le croyant dit : « Dieu existe »

et il dit encore : « Dieu s'est révélé aux hommes à
telle date de l'histoire par l'intermédiaire de tel
représentant ». L'athée nie la première de ces propositions et le déiste nie la seconde. Le croyant,
l'athée et le déiste peuvent soumettre leurs raisons
à la critique ; en particulier, la révélation, que l'un
affirme et que les autres nient, serait un fait historique auquel on pourrait appliquer les règles de la
critique des témoignages. L'esprit critique trouve-
rait donc son emploi dans la vie religieuse elle-
même. Croyances, sentiments, résolutions, notre
vie tout entière dépend de nos jugements ; il est
donc important d'apprendre à bien juger.

Vous voyez que l'esprit critique n'est pas un instrument de laboratoire inutilisable dans la pratique.
Au contraire, ce sont les exigences de la vie pratique qui ont donné naissance à la critique : c'est
le besoin de faire la preuve devant les tribunaux qui
a forcé les juges à en donner les règles. Les savants
n'ont eu qu'à prendre l'instrument créé par les
juristes. Il est vrai que l'usage de la critique choque
certaines de nos tendances naturelles, mais qu'importe si ces tendances sont mauvaises. Nous ne
naissons pas avec des lunettes sur le nez. Mais si
nous devenons myopes, il est utile de mettre des
lunettes. Or, nous avons tous l'esprit myope ; ser-
vons-nous donc de l'esprit critique.

Gardez-vous bien de vous en servir, répondra-

t-on ; rien n'est plus dangereux que l'esprit critique.
Il détruit les croyances religieuses et les croyances
morales ; il paralyse l'activité individuelle et l'activité sociale.

Il est vrai, Mesdames et Messieurs, que la critique détruit parfois les croyances religieuses. Tous
ceux qui ont examiné avec soin les preuves philosophiques ou les témoignages historiques de la révélation ne sont pas également convaincus de leur
valeur. Et même quand ils admettent la possibilité
d'une communication entre Dieu et l'homme, ils
ne croient pas toujours que les hommes ont fidèlement transmis la parole divine. Choisissons un
exemple qui ne scandalise aucune conscience. Le
Coran n'a été rédigé qu'après la mort de Mahomet ;
les Conversations du Prophète, qui font autorité
dans l'Islam pour compléter le Coran, sont du troisième siècle de l'hégire ; un musulman instruit des
règles de la critique ne conclurait pas nécessairement des dates que je viens de rappeler que le
Coran et les Conversations reproduisent avec exactitude la parole du Prophète. Même s'il continuait
à croire aux entretiens de l'archange et de Mahomet, il concevrait des doutes sur l'authenticité des
livres qui rapportent ces entretiens. Il serait donc
puéril de défendre l'esprit critique en soutenant
qu'il ne met pas en danger les croyances religieuses.

Mais je ferai d'abord remarquer que si l'esprit critique détruit la foi des uns, il fortifie celle des autres. C'est un croyant, c'est un théologien qui va vous en donner la raison : « Quand la pratique religieuse est générale dans un pays, dit l'abbé de Broglie, il se produit en général l'un des deux faits suivants : ou bien la morale fléchit, ou bien la foi elle-même est ébranlée ; alors la pratique devient, chez un grand nombre de chrétiens, une simple coutume, un usage, une routine, ou même un acte extérieur d'hypocrisie. Dans le cas contraire, ces inconvénients diminuent. La portion plus restreinte des fidèles qui reste attachée aux obligations de la foi étant animée par une conviction personnelle qui agit sur la vie entière, représente une force morale beaucoup plus grande que sa proportion numérique ne l'indiquerait. » L'écrivain catholique est d'accord sur ce point avec un philosophe libre-penseur, Stuart Mill. Les croyances qui ne sont plus discutées cessent d'être vivantes ; l'esprit n'étant plus appelé à réfléchir sur leur signification n'en retient plus que la formule : or « la lettre tue ». Ce qui fait la valeur d'une croyance, c'est la « conviction personnelle », et la conviction personnelle est fortifiée par la discussion. Pour la foi elle-même, la critique est salutaire : pourquoi la foi s'irriterait-elle des progrès de la critique ?

Mais je ne veux pas m'en tenir à cet argument.

Admettons que la critique détruise toutes les croyances religieuses ; faut-il s'en plaindre *a priori ?*

Il ne faudrait s'en plaindre que si ces croyances étaient vraies. Ah ! si le critique doutait pour le plaisir de douter et renversait par pur caprice les croyances les mieux fondées, nous aurions le devoir de répudier cette méthode malsaine. Mais, au contraire, l'esprit critique n'a d'autre objet que la vérité ; il ne met en doute que ce qui n'est pas démontré ; il ne nie que les opinions dont la fausseté est prouvée. Les croyances bien fondées n'ont donc rien à redouter de l'esprit critique. Quiconque hésite à discuter sa foi manque de confiance en elle : il a peur de la trouver trop faible pour résister à l'examen. Ou bien il manque de courage : vraies ou fausses, se dit-il, mes croyances sont consolantes ; je serais trop malheureux si j'étais sûr qu'elles sont trompeuses ; il craint de ne plus savoir guider sa vie s'il n'a plus pour se diriger vers le bien la promesse des récompenses et la menace des punitions divines. Mais la lâcheté n'est pas une vertu ; c'est donc un devoir pour tout homme d'oser examiner, au moins une fois dans sa vie, les croyances qu'on a imposées à son enfance. Si elles résistent à l'examen, elles auront plus de valeur à ses yeux ; les biens qu'on acquiert au prix d'efforts personnels sont ceux auxquels on tient le plus. Si, au contraire,

elles succombent, qu'on ne désespère pas de la raison ; pourquoi l'homme serait-il condamné à régler
sa vie sur des illusions ? En tout cas, c'est un devoir
pour l'homme de chercher la vérité ; il serait étrange
d'admettre une exception pour les problèmes les
plus graves ; il serait étrange que les croyances les
plus importantes fussent dispensées d'être vraies.

De même qu'on reproche à l'esprit critique de
détruire les croyances religieuses, de même on
lui reproche de détruire les sentiments moraux.

Il serait impossible, paraît-il, d'expliquer ration-
nellement ces sentiments ; de sorte que la critique,
ne reconnaissant pas d'autre autorité que celle de
la raison, ne pourrait toucher à l'idée de charité,
à l'idée de justice, à l'idée de patrie sans les anéantir. Dans un discours retentissant, M. Brunetière
s'est efforcé de montrer que le patriotisme n'est pas
rationnel. « Mais, ajoute-t-il, nous n'en sommes pas
moins assurés pour cela que d'aimer la patrie c'est
un de nos premiers devoirs. Disons-le même tout
naïvement : parce qu'il est irraisonné ou parce qu'il
n'est point « raisonneur », c'est tout justement pour
cela que l'amour de la patrie est le vrai lien des
nations. Nos intérêts nous désunissent et nos passions nous divisent : les combinaisons de la politique n'aboutissent qu'à des expressions géogra-
phiques : l'âme obscure des races ne suffit point à
faire un peuple, ni le despotisme des institutions,

ni la communauté de langue ; mais la communauté des croyances est seule capable de ce miracle ; et ainsi non seulement ce qu'il y a de plus précieux mais ce qu'il y a de plus sacré pour l'homme se fonde sur ce qu'il y a de plus obscur pour lui » (1).

Eh bien ! non, l'idée de patrie n'a rien de si mystérieux. La naissance de nations est un fait historique assez récent pour qu'il ne soit pas impossible de l'expliquer. Partout, en France au temps de Jeanne d'Arc comme en Allemagne au temps de Fichte, dans l'Espagne d'Isabelle et de Ferdinand comme dans l'Italie de Victor-Emmanuel, c'est la nécessité de la défense contre l'étranger qui d'une poussière d'Etats a fait une nation. Et partout c'est la volonté de vivre en commun qui entretient l'esprit national. Pourquoi les hommes d'une même nation veulent-ils vivre ensemble ? C'est tantôt parce qu'ils ont les mêmes intérêts, tantôt parce qu'ils ont la même langue, tantôt pour une autre raison : toutes les causes qui peuvent accroître leurs sentiments de sympathie favorisent l'unanimité nationale ; la communauté de croyances est l'une de ces causes, mais elle n'est pas la seule comme le dit M. Brunetière et elle n'est pas, comme il le dit encore, ce qu'il y a dans l'homme de plus

(1) *Revue des Deux-Mondes*, 1ᵉʳ février 1898, p. 708 et 709.

obscur. C'est vraiment rabaisser le patriotisme que
de le réduire à un instinct aveugle. Quelle que soit
la destinée des nations, l'idée de patrie a plus de
valeur que ne lui en attribue son fougueux défen-
seur. La raison dira aux hommes des siècles futurs
s'ils doivent ou non conserver leurs groupements
actuels et les sentiments qui en dérivent. Mais,
aujourd'hui, elle ne condamne nécessairement ni
l'idée de patrie ni les sentiments patriotiques. Seule
au contraire elle peut, en exposant leur fondement,
les justifier et les fortifier. A propos de chacune de
nos idées morales nous pourrions faire le même
raisonnement : si donc l'esprit critique sert à mettre
plus de clarté dans les principes qui dirigent notre
conduite, c'est un devoir de l'acquérir.

Ses adversaires disent encore qu'ils paralysent
l'activité. Un homme qui délibère longuement avant
d'agir ne se met à l'œuvre que lorsqu'il n'est plus
temps. Mieux vaut, dit-on, agir et se tromper que
critiquer et rester dans l'inaction. Au contraire, les
hommes d'action sont ceux qui, sans s'interroger
trop scrupuleusement sur la vérité de leurs principes, se laissent entraîner par l'enthousiasme. « A
l'origine de toutes les grandes actions, dit M. Brunetière, c'est la foi, c'est une croyance que vous
trouverez. Je dis bien : une croyance ou la foi, c'est.
à-dire quelque chose qu'on ne sait pas, mais dont
on n'est pas pour cela moins sûr, dont on se sent

même presque plus assuré, puisque enfin nous connaissons bien quelques martyrs de la science, mais combien n'y en a-t-il pas davantage de leur croyance ou de leur foi ? » (1).

Je me demande, Mesdames et Messieurs, si l'on ne calomnie pas les hommes d'action en disant qu'ils ne savent ce qu'ils font. Il est possible que certains d'entre eux soient des impulsifs qui ne réfléchissent guère à la valeur de leurs principes et de leurs programmes. Mais leur devons-nous beaucoup d'admiration ? Si leurs actes produisent dans le monde de grandes perturbations, nous les admirons comme nous admirons les forces de la nature ; c'est un beau spectacle que celui d'une avalanche ou d'une tempête. Mais les forces de la nature produisent indifféremment le bien et le mal ; de même l'enthousiasme irréfléchi, s'il inspire les grandes actions, inspire aussi les grands crimes. C'est pourquoi nous demandons aux hommes d'agir en connaissance de cause. Les martyrs dont parle M. Brunetière sont dans ce cas. Ce sont des esprits critiques ; ce sont des hommes qui, pour des raisons, ont rompu avec les croyances traditionnelles. Leurs actes, que M. Brunetière attribue à l'aveuglement de la croyance, je les attribuerais au contraire à l'ivresse que produit dans l'âme la découverte personnelle de la vérité.

(1) *Loc. cit.*

Rien n'est plus propre à stimuler l'activité que
la recherche personnelle de la vérité. Vous entendez
aujourd'hui des voix qui se lamentent sur la disparition de l'esprit d'initiative, sur l'absence de caractères
dont souffrirait notre société. Et presque toutes ces
voix attribuent aux excès de la critique les défauts
qu'elles signalent ; elles vous envoient chercher des
professeurs d'énergie parmi ces hommes d'action
qui, selon la théorie, se seraient confiés à la foi ou
à l'instinct plutôt qu'à la raison. Mais qu'est-ce donc
que l'esprit d'initiative ? Un homme fait preuve
d'initiative quand il invente lui-même un programme
d'action, quand il ne suit pas aveuglément les coutumes de ses semblables, quand il ne se contente
pas de leurs projets mais choisit lui-même son plan
et ses moyens d'exécution. Qu'est-ce à dire sinon
que l'esprit d'initiative consiste à juger par soi-
même, sans autre règle que la raison ? l'esprit d'ini
tiative n'est qu'un autre nom de l'esprit critique.
Et de même un caractère, c'est un homme qui ne se
soumet pas volontiers aux autorités extérieures, qui
leur demande leurs titres avant de leur obéir, qui
ne cède sans motif ni aux ordres, ni aux traditions,
mais qui prend dans sa propre raison les principes
de sa conduite. Qu'est-ce à dire encore sinon qu'un
caractère ne se rencontre que chez les hommes
habitués à juger par eux-mêmes, chez les hommes
doués d'esprit critique ? Vous voulez développer

l'esprit d'initiative, vous voulez fabriquer des carac
tères ? apprenez aux hommes l'art de juger.

Pourtant, je ne voudrais rien exagérer. Il est
vrai que la critique peut, sinon paralyser, du moins
ralentir l'activité. Mais il n'est pas toujours mauvais de calmer la fougue des hommes : l'action irré-
fléchie est souvent dangereuse. Quand le savant se
trompe dans son laboratoire, son erreur n'a pas
d'autres conséquences ; mais quand l'homme d'action se trompe dans la société ses semblables souf-
frent de son erreur. Une loi dictée par une connaissance incxacte de l'état social engendre des
souffrances dans la société. Un acte individuel dicté
par une connaissance inexacte de la valeur d'autrui
risque fort d'être injuste. Mieux vaut un moins
grand nombre d'actions, si elles sont bonnes, qu'une
activité fébrile mais mauvaise. Si l'esprit critique
se borne à modérer l'activité humaine en l'épurant,
le mal n'est pas considérable.

C'est seulement dans le cas où il forcerait les
hommes à rester indécis que les reproches qu'on
lui adresse seraient justifiés. Et il se peut que plusieurs, apprentis novices dans le métier de la critique, soient victimes de l'irrésolution. Mais quand
ils auront pris l'habitude de se servir de cette méthode, ils jugeront vite tout en jugeant bien : ils
pourront donc se résoudre en temps opportun. Ce
n'est pas un débutant qui peut déchiffrer au piano

un morceau difficile : mais l'habitude en donne le
moyen. De même l'exercice répété de l'esprit critique permet de résoudre rapidement les problèmes
que pose la vie. Loin de paralyser toute activité,
l'esprit critique est la condition nécessaire d'une
activité raisonnable : nous avons donc le devoir de
l'acquérir.

Une objection reste à discuter : l'esprit critique,
au dire de ses adversaires, serait un dissolvant
social. Une société ne peut agir que si ses membres
ont confiance dans les chefs qui les dirigent et dans
les associés qui marchent à leurs côtés. Or, l'esprit
critique détruirait cette confiance : on ne respecte
rien dès qu'on discute tout. Pas de respect pour les
supérieurs, pas d'estime pour les égaux : suppres-
sion de l'obéissance et de la solidarité, tel serait le
résultat des progrès de la critique.

Mais est-il vrai que la raison déclare la guerre à
toute espèce d'autorité ? Elle ne combat que les
croyances fausses. Elle s'attaque à tous ceux qui
ne tiennent pas leur supériorité sociale de leur
mérite personnel, mais elle s'incline avec respect
devant toute supériorité intellectuelle ou morale.
C'est au contraire dans les pays où l'esprit critique
n'est pas développé que « le respect s'en va ».
Quand un peuple écoute avec avidité les calomnies
qu'une presse partiale invente chaque jour contre
ses adversaires, quand l'esprit public est tel qu'il

juge à tort et à travers, condamnant les plus justes pour acclamer les plus criminels, ce trouble intellectuel et moral peut engendrer l'anarchie. Mais la critique rationnelle n'a rien à voir avec la polémique des partis : elle donne des raisons d'admirer et de respecter le mérite. Et pourquoi une société ne pourrait-elle pas agir si elle avait pour chefs les seuls chefs reconnus par la raison, les hommes supérieurs non par leur naissance ou leur fortune, mais par leur mérite personnel ?

La raison n'inspire pas plus la défiance vis-à-vis des égaux que le mépris vis-à-vis des supérieurs. Elle impose au contraire l'indulgence comme un devoir Un esprit critique s'abstient de juger sans preuves. Il ne croira donc pas à tous ces bruits qui, circulant dans les conversations quotidiennes, compromettent la réputation du prochain. Il ne condamnera jamais sans entendre la défense de l'accusé ni sans demander à l'accusateur ses preuves. Si les gestes ou les paroles d'autrui lui paraissent recéler quelque intention méchante, il cherchera, avant de s'arrêter à cette hypothèse, toutes celles qui pourraient expliquer sans malice les mêmes gestes et les mêmes paroles. En un mot, il sera indulgent non par faiblesse mais par raison. Or, l'indulgence est la condition de la paix sociale. Si nous ajoutions foi à tout le mal qu'on nous dit d'autrui, si nous n'abandonnions jamais nos premières impressions, la vie sociale serait insupportable. Ce n'est pas en vain que l'Evangile interdit le jugement téméraire et dit : « ne jugez pas. » Je sais bien qu'aujourd'hui ce précepte passe pour sentir l'anarchie : jusque dans la *Gazette de France*, on oppose aux doctrines « antisociales » de l'Evangile les doctrines « sociales » de l'Eglise. Mais je ne vois pas comment des paroles de paix seraient anarchiques et antisociales, et c'est une parole de paix que celle qui ordonne de retenir son jugement : c'est donc la paix que donnerait à la société le progrès de l'esprit critique. Non, l'esprit critique n'est pas dangereux: il n'apporterait dans la vie sociale comme dans la vie privée que des bienfaits ; notre conscience nous ordonne donc de l'acquérir.

J'ai essayé, Mesdames et Messieurs, de justifier mes deux thèses : l'acquisition de l'esprit critique est pénible, mais elle est moralement obligatoire. D'autres vous présenteront une doctrine tout opposée : il vous diront que le « besoin de croire » est naturel et légitime. Que le besoin de croire soit naturel, je n'ai garde de le nier : c'est sur son existence que je me suis appuyé pour vous montrer qu'il est difficile d'examiner et de douter avant de porter un jugement. Mais l'intensité de ce besoin ne prouve pas sa légitimité. Vous pouvez, en ce moment même, être pris d'une furieuse envie de bâiller et vous croirê néanmoins obligés par les convenances de retenir votre bâillement. De même, si furieux que soit votre besoin d'affirmer, retenez l'affirmation sur vos lèvres tant qu'elle ne sera pas justifiée par la raison. Au besoin de croire opposez le devoir de douter : grâce à lui, vous n'aurez que des croyances vraies et vous n'accomplirez que des actions justes.

IV

LA FÉCONDITÉ DE L'ESPRIT CRITIQUE

LA FÉCONDITÉ DE L'ESPRIT

CRITIQUE (1)

Mesdames, Messieurs,

Si, pendant un quart d'heure à la fin de chaque année, vous venez écouter les maîtres de vos fils, c'est apparemment que vous désirez connaître leurs idées sur l'éducation. Or, l'une de nos idées les plus chères, c'est qu'il faut, dès la jeunesse, éveiller l'esprit critique. L'esprit critique, au sens littéral du terme, c'est l'art de juger. Un esprit critique n'admet aucune opinion sans preuves, ne prend aucune décision sans examen ; il se défie des croyances et des actions que lui suggère l'instinct comme des préjugés et des coutumes qu'une puissance sociale voudrait lui imposer ; il ne connaît pas d'autre autorité que celle de sa raison : c'est un esprit libre, et la formation de libres esprits est le souci traditionnel de l'Université.

(1) Discours prononcé à la distribution des prix du lycée de Pau, le 30 juillet 1898.

Ce souci est-il légitime ? La liberté intellectuelle est-elle nuisible ou bienfaisante ? Porte-t-elle la ruine, comme on l'affirme, dans les intelligences et dans les volontés ? Ou bien est-elle, au contraire, féconde en vérités et en vertus ? telle est la question que je voudrais examiner.

I

On accuse souvent l'esprit critique de détruire les croyances et d'engendrer le scepticisme.

[Il s'attaque, dit-on, à la foi religieuse : n'est-ce pas l'examen critique des livres sacrés qui inspire à un Jouffroy, à un Renan, à tant d'autres, leurs négations ou leurs doutes ? Et ce n'est pas l'esprit critique qui pouvait les aider à remplacer les croyances mortes] (1).

C'est l'esprit critique, au xviiie siècle, qui détruit les croyances politiques. Les théories d'un Bossuet ne sont plus respectées ni par Montesquieu ni par Rousseau. Et l'œuvre de ces philosophes a été toute négative, nous répètent depuis cent ans les penseurs les plus divers : Joseph de Maistre et Saint-Simon, Auguste Comte et M. Brunetière. Ils ajoutent qu'il est temps d'entreprendre une œuvre positive et de

____

(1) Les passages que nous plaçons entre [ ] n'ont pas été lus en séance publique.

retrouver la foi sociale perdue par la faute de la critique.

Les croyances morales auraient eu le même sort. Pour un esprit critique, est-il sûr que la charité soit bonne ? Le cœur est aveugle, disent les uns : défions-nous de ses entraînements. Et les autres : l'égoïsme est la condition de l'existence ; se dévouer c'est se suicider : la charité est donc immorale comme le suicide. Ou encore, avec certains disciples de Darwin : la charité est nuisible au genre humain car elle maintient dans le monde les êtres imparfaits que la concurrence vitale voulait en expulser. Ainsi, tandis que pour dix-huit siècles rien ne fut plus sublime que la charité, des critiques ne voient plus en elle qu'une duperie malfaisante !

Enfin, l'esprit critique, dit-on, est mortel pour la science même : loin de multiplier les vérités, il multiplie les doutes. En histoire, on suspecte aujourd'hui des faits qui semblaient incontestables : pendant trois mille ans les hommes ont affirmé l'existence d'Homère, et maintenant on ne sait qu'en penser. Le nombre des vérités historiques diminue à mesure que la critique progresse, et, comme la vérité est l'objet de la science, la science critique tourne le dos à son objet. Les sciences physiques elles-mêmes perdent leur certitude : les savants passent le temps à contrôler les découvertes de leurs devanciers ; aucune vérité n est définitivement ac-

quise puisque tout demeure exposé à une perpétuelle revision. Le physicien Regnault, dit M. Pierre
Lafitte, a eu tort de corriger la loi de Mariotte qui
était d'une exactitude suffisante. Et ce disciple de
Comte n'hésite pas à proclamer la nécessité d'une
orthodoxie scientifique : ce serait, à son avis, le
seul moyen de soustraire la vérité aux entreprises
de l'esprit critique.

Un scepticisme universel, telle serait donc l'œuvre
du libre examen : il aurait frappé de stérilité l'intelligence humaine.

***

A ce réquisitoire on pourrait répondre que la
libre recherche ne produit pas fatalement le scepticisme. En effet, elle ne suppose pas que toutes les
assertions aient une valeur égale : elle les apprécie
au nom de principes indubitables qui sont les lois
de la logique. Sans doute elle respecte toutes les
opinions et elle reconnaît que, sur des questions
complexes, les avis les plus contraires sont acceptables ; mais elle ne croit pas que cette incertitude
soit définitive, et, dès maintenant, elle donne des
règles qui permettent de choisir entre les théories
les plus probables. — On est mécontent de cette
probabilité ? Mais serait-on plus satisfait de l'illusion ? Vaut-il mieux croire à tort qu'on sait quelque

chose, ou savoir qu'on ne sait pas? Le progrès de
la science ne dépend pas du nombre des vérités
qu'elle s'imagine posséder mais de leur qualite
logique. N'aurions-nous que des probabilités, notre
science serait d'autant plus solide que nous connaî-
trions mieux ses limites. — Mais au milieu des probabilités n'avons-nous pas quelques certitudes ?
Tout est discuté, mais tout n'est pas réfuté ; tous
les arbres de la forêt sont battus par les vents,
mais les plus faibles seuls sont déracinés. Aussi de
très libres esprits ont-ils conservé les croyances
traditionnelles, et les savants, si loin qu'ils poussent
le doute, croient à la science. Chercher les degrés
de la certitude, ce n'est pas renoncer à la certitude ;
chercher les raisons de sa foi, ce n'est pas renoncer à sa foi. S'il croit, le critique doit être un
croyant réfléchi, mais il a le droit d'être un croyant.

Admettons pourtant que l'esprit critique ébranle
les croyances : même alors son œuvre n'est pas
purement négative : tôt ou tard le doute est fécond.
Entre la réfutation des anciennes doctrines et la
création des nouvelles un temps peut s'écouler,
mais il y a toujours création. C'est ainsi que, dans
la science, on peut douter d'une hypothèse sans
savoir encore comment la remplacer ; mais prenons
patience : bientôt la discussion met en lumière des
faits nouveaux ou suggère des idées neuves : c'est
pour avoir douté d'une hypothèse de Crookes que

Rœntgen a découvert ses rayons ; c'est pour avoir
douté des hypothèses de Gay-Lussac et de Liebig,
douté de ses propres hypothèses que Pasteur a
trouvé sa théorie des ferments. La stérilité de l'esprit critique n'est jamais que momentanée.

Souvent sa fécondité est immédiate : le doute
porte en lui-même une vérité ; dans le domaine des
idées il arrive qu'on ne puisse pas démolir si l'on
n'a pas d'avance reconstruit : c'est l'idée neuve qui
fait douter de l'ancienne idée. Comme ces palais de
carton qui, au théâtre, ne s'écroulent pas avant
d'être recouverts par un nouveau décor, les théories, tant qu'elles ne sont pas remplacées, restent
debout sur la scène de l'esprit. Pour détruire il
faut donc créer. S'il n'avait pas découvert la com-
position de l'air, Lavoisier n'aurait pas réfuté les
anciennes théories de la respiration. Et l'on n'aurait
jamais triomphé, en physique, de la théorie de
l'émission si l'on n'avait pas construit l'hypothèse
des ondes. Jusque dans les négations du savant sont
contenues des affirmations.

Des affirmations sont contenues dans les négations du moraliste. Il est vrai que la critique a
parfois proclamé la vanité des formes aveugles du
sacrifice, mais elle a souvent proclamé la vanité de
toutes les formes de l'égoïsme. Par cette discussion
même elle affirmait qu'au-dessus de l'égoïsme et de
la charité règne la justice. Nier la valeur absolue

des deux premiers sentiments, c'était affirmer la
valeur absolue du troisième, c'était créer une morale
nouvelle.

De même, la critique a créé une nouvelle politique. Si les philosophes du xviii° siècle s'attaquent
à la société de leur temps, c'est qu'ils ont dans
l'esprit le plan d'une autre société. Ce n'est pas
Rousseau, ce sont ses disciples qui combattent l'ancien régime ; pour lui, il se borne à proposer une
constitution idéale. Son œuvre ne fut négative que
parce qu'elle avait d'abord été positive : elle nous
a donné la théorie de l'Etat moderne.

[Enfin, la critique des religions n'est pas non plus
stérile. Qu'on admette ou non ses conclusions, on
doit reconnaître qu'elle ne nous laisse pas dans le
vide : elle nous annonce de nouveaux dogmes. Certains critiques, par exemple, refusent de croire à
l'intervention de Dieu dans les événements naturels ; mais cette négation, vraie ou fausse, implique
une affirmation. Nier que le plan du monde ait à
tout moment besoin d'une retouche, c'est affirmer
que de toute éternité il est parfait ; nier que l'histoire du monde soit un drame décousu dans lequel
un *Deus ex machina* sauverait à tout moment une
situation désespérée, c'est affirmer que les péripéties en ont été fixées de toute éternité par une intelligence dont les desseins sont assez vastes pour
embrasser l'infini. Et qui refusera de reconnaître

dans une telle affirmation une croyance digne d'attention ? Encore une fois cette croyance à son tour
peut être discutée : il suffit qu'elle soit l'œuvre de
l'esprit critique pour que celui-ci ne soit pas sus-
pect de stérilité.]

Aiguillon de l'intelligence, l'esprit critique est
donc fécond en vérités ; il ne tue pas les croyances,
il les remplace ou les épure ; il est le sel de la vérité. Une foi sans critique est une foi morte qui
peut bien se traduire par des formules répétées du
bout des lèvres, mais qui n'excite dans l'âme aucun
sentiment, ne suggère aucune idée. Nous disions
tout à l'heure qu'un esprit critique a le droit d'être
un croyant : ne pouvons-nous pas dire maintenant
que tout croyant a le devoir d'être un critique ?

II

L'intelligence et la volonté sont si étroitement
unies qu'on ne pouvait accuser l'esprit critique de
stérilité intellectuelle sans l'accuser de stérilité
morale : ce second grief dépend du premier.

L'esprit critique, dit-on, paralyse l'action parce
qu'il supprime les raisons d'agir. Le doute a ruiné
toutes les grandes idées qui pouvaient solliciter
l'activité humaine : aucune ne s'impose nécessairement à la pensée réfléchie : or, si l'on ne sait plus
où se diriger, ne faut-il pas s'arrêter ?

Qu'il le doive ou non, l'esprit critique s'arrête, ajoute-t-on, car il perd le temps à délibérer : quand la discussion est close, le moment d'agir est passé. Les conséquences de nos actes sont infinies : si nous voulions les calculer avant d'agir, notre calcul prendrait un temps infini. Sous peine d'inertie ou de mort, il faut donc s'abandonner à l'instinct ou à la coutume et renoncer à la réflexion personnelle.

La vie sociale comme la vie individuelle serait arrêtée par le développement de l'esprit critique. D'abord il introduirait dans les relations des hommes l'ironie et la défiance. Un esprit critique ne doit-il pas suspecter les intentions les plus pures, démasquer l'égoïsme des plus héroïques dévouements ? Ou, s'il n'a pas cette amertume, ne doit-il pas rire des naïfs qui se sacrifient pour cette illusion qu'on nomme le devoir ? Ainsi ces dilettantes, inertes eux-mêmes, blâment ou raillent l'activité des autres : c'est le meilleur moyen de l'entraver.

D'autre part l'esprit critique dissout la société. Une réunion d'esprits critiques ne formerait pas une nation : elle manquerait d'unité puisque chacun suivrait les impulsions de sa conscience sans s'occuper de ses voisins. Pour qu'une société vive, ne faut-il pas que ses membres renoncent à leur liberté intellectuelle comme à leur liberté physique ? Nous ne sommes pas libres de donner ou de refuser à l'État notre argent ou notre vie ; de même, nous

ne devons pas avoir le libre usage de notre âme :
si nos idées ne s'accordent pas avec celles de nos
concitoyens, nous devons abandonner ou tempérer
nos idées : se montrer intransigeant, c'est se mettre
en rébellion contre l'État ; c'est dénouer, autant
qu'il est en soi, le lien social.

En résumé, l'esprit critique, selon ses adversaires,
détruirait l'activité individuelle et l'activité sociale :
inertie et anarchie, telle serait sa devise.

*
* *

Il faut bien reconnaître, Mesdames et Messieurs,
que l'esprit critique a ses excès et que tout n'est
pas faux dans le tableau que je viens de vous présenter. Mais je voudrais vous montrer qu'en revanche la liberté intellectuelle bien comprise est la
condition de l'activité individuelle et de l'activité
sociale.

Et d'abord, un esprit critique est-il dépourvu de
tout idéal ? Il est vrai que, pour lui, l'idéal des
autres n'a pas une valeur indiscutable ; mais pourquoi ? sinon parce qu'il a lui-même son idéal auquel
il subordonne tout. Et en effet il a pour idéal la
vérité. C'est au nom de la vérité qu'il examine les
mobiles de nos actions. Or un homme qui n'aurait
d'autre but dans la vie que la recherche de la vérité,
l'abolition de l'ignorance, des préjugés et des men-

songes, ne serait pas désorienté ; tout comme un autre il pourrait marcher à son étoile.

Dira-t-on qu'un esprit critique, s'il possède un idéal, n'a pas le moyen de l'atteindre, parce que la réflexion empêche d'agir ? Sans doute il faut savoir régler la réflexion, s'habituer à réfléchir avec promptitude ; sans doute la raison ne peut pas tout examiner ; mais, si rapide et si incomplète qu'elle soit, la réflexion vaut encore mieux que l'instinct : la myopie la plus grave est préférable à la cécité. Tant d'erreurs et de maux entourent notre esprit que la raison, malgré sa prudence, a de la peine à les éviter ; l'instinct, qui refuse de voir le danger, n'y échapperait que par miracle. Aussi est-il loin d'être infaillible : d'instinct, le cycliste inexpérimenté fait un mouvement à gauche pour rétablir l'équilibre compromis à droite, mais l'instinct l'a trompé et le maladroit tombe. C'est encore l'instinct qui précipite l'homme dans la passion : il supprime l'activité digne de ce nom, car l'homme passionné, si agitée que soit sa vie, n'est pas un actif : il subit sa destinée, il n'en prend pas la direction. La véritable activité, c'est l'activité réfléchie.

S'il en est ainsi, les esprits critiques doivent posséder une volonté forte et les hommes d'action doivent être doués d'esprit critique. En dépit du préjugé, cette déduction est conforme aux faits. Ceux qui reprochent à l'esprit critique d'énerver

fatalement la volonté ne savent pas combien il faut
de courage pour s'opposer aux opinions courantes
et aux coutumes traditionnelles. Cette indépendance
nous expose aux colères des inconnus et même aux
soupçons de nos amis. Pour le plaisir d'obéir à leur
raison, il est des hommes qui brisent leur carrière
et donneraient leur vie : les accusera-t-on de faiblesse morale ? — Réciproquement, les hommes
d'action ne dédaignent pas tous l'esprit critique.
Il n'est pas de carrière où la volonté doive être plus
forte que dans la carrière des armes. Et l'on croit
volontiers que le soldat doit renoncer à sa libre
initiative. Pourtant, dans une cérémonie comme
celle qui nous rassemble, j'ai entendu un Général
démontrer que la libre initiative fait, comme la dis-
cipline, la force des armées. A la même époque, le
général Saussier remarquait qu'il est impossible au
commandement de faire tenir à tous des ordres
précis : chaque officier doit donc prendre des res-
ponsabilités : il doit avoir l'habitude de se décider
par lui-même sans recourir à d'autre autorité qu'à
sa raison. L'esprit critique est donc, de l'aveu des
hommes d'action, un important principe d'action.

Ressort de l'activité individuelle, serait-il nuisible
à la vie sociale ? Au contraire, on n'établira d'in-
time solidarité entre les hommes qu'en détruisant
leurs préjugés par la critique : la discorde naît partout du jugement téméraire. Depuis les petites ca-

lomnies qui défraient les conversations mondaines jusqu'aux grandes iniquités qui troublent la vie sociale, tout le mal vient d'un défaut de critique.. Nous jugeons d'après l'apparence. Sur les indices les plus faibles, nous affirmons les événements les plus mystérieux. Une phrase tronquée, un mot mal entendu, un geste, un rien nous suffit pour nier l'honneur ou la vertu d'autrui. Alors que les signes de nos sentiments sont si peu clairs que le rire ne prouve pas toujours la joie ni les pleurs la tristesse, nous n'hésitons pas à surprendre sur les visages les intentions les plus criminelles. Nous ne croyons pas à l'ambiguïté des paroles ou des actions : nous ne leur supposons qu'un sens, le mauvais. Alors que la valeur des hommes ne se mesure ni à leur mine, ni à leur habit, ni à leur étiquette sociale, nous les condamnons d'après leur mine, leur habit, leur étiquette, en un mot d'après l'apparence. — D'autre part, nous jugeons en bloc, sans distinguer entre les individus : de là naissent les rivalités et les haines qui séparent les diverses catégories sociales. En voulez-vous un exemple ? J'en pourrais prendre de plus douloureux ; mais voici ce que rapporte un journal récent. Un ouvrier se présente dans une bibliothèque et demande le *Discours de la Méthode*. Le bibliothécaire, — un professeur, paraît-il, — à la vue du costume de son lecteur, hausse les épaules et murmure : Il n'y va rien comprendre, « Depuis ce jour-là, ajoute l'ouvrier, je n'ai pu arriver à estimer un professeur. » Voilà donc une haine établie sur deux jugements précipités : le jugement sommaire de l'ouvrier par le professeur et le jugement sommaire des professeurs par l'ouvrier. Y a-t-il autre chose sous les haines qui divisent les classes ? « Le patron exploite le travailleur », dit-on d'un côté ; et de l'autre : « l'ouvrier est paresseux et imprévoyant ». Comme s'il n'y avait pas patrons et patrons, ouvriers et ouvriers. C'est ainsi que des généralisations hâtives entretiennent dans la société de dangereux dissentiments. Si les hommes savaient douter des impressions superficielles, douter des inductions précipitées, la paix sociale ne serait pas une chimère. Plus l'esprit critique se répand, plus on s'approche de cet idéal : c'est qu'un esprit critique, loin d'être ironique et méprisant, est bienveillant et charitable. Il est le dernier à dire du mal d'autrui parce qu'il est le dernier à en penser ; il ne se vante pas de posséder une perspicacité maligne ; il ne croit au mal que si le mal lui est pleinement démontré. Condition de l'indulgence, l'esprit critique est donc une condition de la vie sociale.

Enfin une nation formée d'esprits libres n'est pas nécessairement vouée à l'anarchie. Elle n'est une nation que si ses membres se sont volontairement associés ; si leur union n'avait pour cause que l'instinct, la coutume ou la force, ils formeraient un troupeau, non pas une nation. Or, ils ne peuvent pas s'associer volontairement sans délibérer, dans la souveraineté de leur conscience, sur les conditions du contrat social : c'est dire qu'ils ne sont pas de vrais citoyens si leur esprit n'est pas délivré de toute tyrannie extérieure. Ah ! si les sociétés, au lieu d'être composées d'hommes, étaient faites d'êtres sans raison, peu importerait qu'il fussent parqués malgré eux dans tel ou tel coin du monde ; mais puisque les hommes ont une raison, il est naturel qu'elle soit consultée ; aussi les nations modernes ont-elles pour principe le respect des volontés individuelles. Sans doute les membres d'une même nation doivent s'entendre, concerter leur action commune ; ils doivent se faire des concessions réciproques, et chacun doit renoncer, en faveur des autres, à certaines de ses aspirations. Mais cette transaction entre les individus ne doit pas leur être imposée, elle doit être l'œuvre de leur libre réflexion. Sinon, l'ordre extérieur pourra bien régner dans le pays ; les habitants exécuteront avec ensemble des gestes traditionnels ou des consignes commandées, mais sans le consentement des âmes il n'y aurait pas d' « unanimité », c'est-à-dire qu'il n'y aurait pas de vie nationale.

Ainsi l'esprit critique, loin d'abolir tout idéal, inspire l'amour de la vérité ; loin d'anéantir la volonté, il lui remet la direction de la vie ; loin de dissoudre la société, il resserre les liens sociaux par la bienveillance et prépare l'union volontaire des citoyens : il n'est donc pas plus nuisible à notre moralité qu'à notre intelligence.

*
* *

Si toutes ces remarques sont vraies, Mesdames et Messieurs, nous n'avons pas tort d'inviter vos enfants à reconnaître la souveraineté de la raison. Nous devrions même nous plaindre de notre impuissance, car nos méthodes ne nous permettent pas toujours de triompher des forces nombreuses qui luttent contre le libre examen. Et de ces forces la moindre n'est pas la paresse intellectuelle qui, chez nous comme chez nos élèves, abolit la réflexion. Pourtant, ayons confiance. Nous vivons dans un pays où l'esprit critique a fait quelques progrès : depuis Descartes, la France a produit une longue lignée de libres esprits : le culte de l'esprit critique n'est pas seulement une tradition universitaire, c'est une tradition nationale. Aux yeux du monde comme à nos yeux, la France est la patrie de la liberté intellectuelle : ceux de ses enfants qui ont été de grandes intelligences et de grands caractères témoignent dans l'histoire de la fécondité de l'esprit critique.

V

L'ESPRIT SCIENTIFIQUE
ET L'ÉDUCATION UNIVERSITAIRE

L'ESPRIT SCIENTIFIQUE ET L'ÉDUCATION

UNIVERSITAIRE (1)

MESDAMES, MESSIEURS,

Nos fêtes universitaires n'ont pas seulement pour but de donner aux bons élèves une heure de fierté, et à leurs mères une heure d'émotion. Elles deviennent de véritables fêtes publiques quand les magistrats de la cité et les représentants de l'État viennent y témoigner de leur sollicitude pour l'éducation de la jeunesse. Et le ministre qui fixerait au 14 juillet de chaque année la date de toutes les distributions de prix, outre qu'il s'attirerait la reconnaissance des collégiens, marquerait nettement le rôle joué par l'Université dans la vie nationale.

Mais si l'Université fait corps avec la nation, elle est elle-même un corps dont tous les organes sont solidaires. Telle est, je n'en doute pas, la vérité qu'a voulu affirmer M. le Recteur de l'Académie

(1) Discours prononcé à la distribution des prix du collège de Cholet, le 31 juillet 1901.

Rennes, quand il m'a fait l'honneur de me déléguer
à la présidence de cette cérémonie. L'enseignement
supérieur n'est pas animé d'un esprit différent de
l'esprit qui anime l'enseignement secondaire et
l'enseignement primaire. A l'École, au Collège, à
la Faculté, vos fils, Mesdames et Messieurs, reçoivent une même éducation. Et puisqu'il s'agit de
l'éducation de vos fils, vous me permettrez bien
d'en formuler brièvement le principe fondamental.

Ce principe, l'Université semble l'avoir emprunté
à ces législateurs anciens, à ces penseurs de la
Renaissance dont on vous rappelait à l'instant les
doctrines (1). De l'antiquité nous avons appris que
l'éducateur doit adapter ses élèves à la société dans
laquelle ils vivront ; la Renaissance nous a montré
que l'éducateur doit développer chez ses élèves le
goût de la libre recherche et de la méthode scientifique. Mais il se trouve que ces deux vérités n'en
font qu'une ; car si nous réussissions à inculquer
aux jeunes gens la curiosité scientifique, nous leur
aurions donné par là même les qualités les plus
necessaires aux Français du xxᵉ siècle.

Que l'esprit scientifique soit la qualité la plus
nécessaire aux Français du xxᵉ siècle, c'est ce que
plusieurs refuseront d'accorder. Sans doute on re-
connaîtra que mainte profession dont l'exercice ne

(1) Le discours d'usage avait pour titre : *L'éducation dans
l'antiquité et à la Renaissance.*

supposait jadis qu'une instruction élémentaire réclame aujourd'hui de sérieuses études. Un patron d'usine, s'il n'est lui-même ingénieur, tombe sous la dépendance de son ingénieur. Il ne suffit plus, après avoir mis la semence en terre, d'attendre que le soleil et la pluie veuillent bien s'entendre pour la protéger jusqu'à la moisson : un bon agronome doit être un bon chimiste. Les premières routes étaient des pistes que les hommes traçaient au hasard en passant et repassant sur les vestiges laissés par leurs devanciers ; tandis qu'aujourd'hui, pour construire le moindre chemin vicinal, il faut faire œuvre de mathématicien, de géologue et d'économiste. Que la civilisation contemporaine fasse de la science un emploi plus fréquent que les civilisations antérieures, nul ne songe à le contester. Mais si nous nous servons de la science dans l'exercice de nos professions spéciales, nous est-elle utile quand nous dépouillons notre caractère professionnel pour jouer notre rôle d'homme ou de citoyen ? La science nous révèle la formule du meilleur engrais ou du meilleur antiseptique, mais nous dit-elle quels sentiments nous devons avoir pour notre prochain ou quelle attitude nous devons prendre à l'égard du gouvernement ? Or, tel est l'état de notre société qu'un jeune homme, au sortir du collège, doit résoudre ces problèmes. Si la science ne lui en fournit pas le moyen, on ne peut pas dire qu'une éducation scientifique adapte à la société dans laquelle il vivra le jeune Français du xxᵉ siècle.

J'admets très volontiers, Mesdames et Messieurs, que la science ne nous propose, sur aucune de ces questions, de solution définitive. Ni la morale ni la politique ne sont scientifiquement constituées. Mais déjà la science nous fournit, pour résoudre ces questions, de précieux instruments. Une éducation scientifique n'est pas celle qui entasse dans la mémoire des enfants les résultats acquis par les sciences ; c'est celle qui les habitue à chercher le vrai avec méthode et sans parti pris. Débarrasser son esprit de tout préjugé ; examiner et contre-examiner toute opinion avant de l'admettre ; juger par soi-même, mais juger sans légèreté ; accepter la vérité lorsqu'elle s'impose, mais ne pas croire qu'elle s'impose tant qu'elle n'a pas passé par l'épreuve du doute ; en un mot, éviter, comme disait Descartes, la précipitation et la prévention ; être impartial et être attentif, voilà l'esprit scientifique. C'est en acquérant cette qualité — plus encore qu'en accumulant des connaissances — qu'on fera produire à la science tous ses effets utiles dans les différents domaines où s'est déjà manifestée sa fécondité. Plus encore que la chimie ou la mécanique, l'habitude de la recherche personnelle et de l'enquête méthodique permet à l'agriculteur ou à l'industriel de prendre en cas de besoin les initiatives salutaires.

De même il est indispensable, non seulement d'avoir appris mais d'avoir appliqué les méthodes des sciences si l'on veut trouver des solutions équitables aux problèmes moraux et sociaux que pose devant la conscience d'un jeune Français de vingt et un ans son entrée dans la vie civique.

Par son premier acte, par le vote, il porte un jugement non seulement sur un homme mais sur un parti. Or, il y a deux manières de juger : ou bien on se laisse entraîner par les préjugés ; on subit les suggestions du milieu dans lequel on vit ; on apprécie les programmes non d'après la valeur de leurs articles, mais d'après le ton de leurs partisans ; on obéit à un mot d'ordre ; on s'en remet pour juger à l'autorité d'un chef ou à celle de la foule ; on renonce à la liberté de la pensée. Ou bien on s'efforce de découvrir par soi-même la vérité. On étudie d'après des documents authentiques l'histoire des partis ; on cherche quelles sont les conditions de la vie sociale dans les civilisations contemporaines ; on se demande si telle forme de gouvernement qui jadis a rendu des services à la France ferait droit à toutes les exigences de la conscience moderne. Toutes ces questions sont de telle nature qu'un examen impartial et méthodique les résoudra mieux qu'un jugement préconçu ou qu'un jugement précipité. Quel que soit le parti auquel il finit par adhérer, l'homme qui s'est livré à une pareille en-

quête mérite seul le titre de citoyen ; l'autre est un
« sujet » car il s'asservit à la plume du premier
venu des pamphlétaires, au geste du premier venu
des démagogues ; au contraire, celui qui traite les
questions sociales par la méthode scientifique n'est
assujetti à aucune autorité étrangère et ne reconnaît pas d'autre souverain que sa raison.

Et si vous trouvez que la vie civique n'est qu'un
aspect particulier de la vie d'un Français de nos
jours, j'ajouterai que l'esprit scientifique nous dicte
la conduite à tenir vis-à-vis de notre prochain.
Toutes nos actions, tous nos sentiments varient suivant que nous avons d'autrui telle opinion ou telle
autre. C'est le jugement téméraire qui le plus souvent donne naissance à la haine. Par une généralisation abusive, nous englobons dans la même con-
damnation, dès qu'un de ses membres nous paraît
coupable, toute une secte, toute une nation, toute
une race. Par une hypothèse naïve, nous imaginons
que quiconque n'a pas notre opinion est un menteur
qui cherche à nous duper dans l'intérêt de je ne
sais quelle puissance satanique. Au contraire, un
esprit habitué à la réflexion patiente, ne s'arrête
pas à la première hypothèse et ne se hâte pas de
conclure du particulier au général. Il est tolérant,
car il sait que les divergences des opinions humaines
tiennent plutôt à la complexité des problèmes et à
la faiblesse de l'intelligence qu'à la malice de la

volonté. Il est bienveillant, car il réserve sa haine pour ceux dont le crime lui est clairement proùvé et il est difficile dans le choix de ses preuves. C'est ainsi que l'habitude de la recherche scientifique, étouffant les haines et créant la concorde, nous ferait le plus beau cadeau que les Français de l'heure présente puissent souhaiter.

Si l'esprit scientifique confère à vos enfants, outre le talent professionnel, des vertus civiques et des vertus morales, n'avais-je pas raison de vous dire, Mesdames et Messieurs, qu'aucune qualité ne leur serait plus indispensable ?

Eh bien ! nul milieu n'est plus favorable que les collèges publics à l'éclosion de cette qualité. Pour acquérir l'esprit scientifique, il faut faire abstraction de tout parti pris : or, les collèges publics sont des écoles d'impartialité. Précisément parce qu'ils sont publics, les Collèges, comme les Universités, comme les Écoles primaires, sont ouverts aux fils de tous les citoyens, quelle que soit leur race, leur religion, leur naissance. Je sais bien qu'on nous reproche parfois de ne pas choisir nos élèves avec assez de discernement. Devant la commission d'enquête parlementaire, l'un des chefs de l'enseignement libre disait : si certaines familles bourgeoises préfèrent nos Collèges à ceux de l'État, c'est que chez nous on ne reçoit pas tout le monde ; dans nos maisons, par exemple, on ne reçoit pas volontiers les nègres, parce que le nègre inspire de la répugnance à certains civilisés. Il est certain, Mesdames et Messieurs, qu'un principal de Collège ne refuserait pas, même à un nègre, les bienfaits de l'éducation. Mais croyez-vous qu'il soit sage d'entretenir chez les enfants les préjugés injustes des parents? Ne pensez-vous pas que nos élèves habitués à vivre dès la jeunesse parmi des hommes de toute race et de toute classe, apporteront plus tard dans leurs relations avec autrui une plus grande impartialité?

Comme les élèves, les maîtres peuvent appartenir à toutes les classes, à tous les partis. L'État avant de nous conférer le droit d'enseigner, ne nous oblige ni à renier notre race, ni à rétracter nos croyances. Il ne nous impose, il ne nous interdit aucun dogme; aussi les élèves peuvent-ils subir tour à tour les influences les plus diverses. On nous en fait un reproche; nous devrions, paraît-il, adopter une doctrine commune pour l'imposer, de toutes nos forces coalisées, à l'âme de nos élèves. Mais nous avons précisément pour commune doctrine qu'il ne faut rien imposer de force à l'âme de l'enfant; il faut préparer son esprit à désirer et à posséder la vérité, mais elle n'aurait aucun prix si elle n'était pas acquise par son effort personnel. Et la variété des influences auxquelles nous le soumettons, a pour résultat, en stimulant sa curiosité, de laisser à sa raison une entière indépendance.

Enfin nos méthodes ont un but identique. Notre principal souci, c'est de lutter contre la paresse intellectuelle, ce grand ennemi de l'esprit scientifique. On nous reproche sans cesse l'instabilité de nos programmes. Mais si nos programmes changent, c'est que nous voulons de plus en plus bannir les exercices mécaniques pour les remplacer par des travaux intelligents. Tel était le principe de la réforme qui a tué le vers latin. Telle est encore l'idée maîtresse des réformes de 1890. « Le meilleur fruit de l'enseignement secondaire, disait à cette époque le ministre, n'est pas tant la somme de savoir acquis que l'aptitude à en savoir davantage, c'est-à-dire le goût de l'étude, la méthode de travail, la faculté de comprendre, de s'assimiler ou même de découvrir ». Et quand, l'hiver dernier, le Conseil supérieur fut saisi d'un nouveau projet de réformes, la même idée en inspirait les auteurs : faire moins de place, dans les classes et dans les examens, aux exercices de pure mémoire, faire une place plus grande à ceux qui développent le jugement. Nous ne voulons pas de ces élèves qui récitent sans comprendre et qui croient avoir conquis une sorte de droit au baccalauréat quand, sans avoir lu de leur propre mouvement une seule ligne de Corneille ou de Descartes, ils savent reproduire, sans changer une lettre, l'analyse du *Cid* ou du *Discours de la Méthode*. Nous aimons au contraire l'élève qui ne

nous croit pas sur parole, qui cherche, par ses
lectures et ses réflexions à contrôler et à discuter
nos opinions, celui qui, arrêté par une objection,
ne demeure pas bouche bée, mais riposte, celui qui
n'admire pas sans savoir pourquoi un vers de Corneille ou une phrase de Descartes. L'élève idéal,
c'est donc l'élève qui s'exerce à cette recherche
impartiale et méthodique de la vérité que j'appelais
tout à l'heure l'esprit scientifique. De tels élèves
sont encore trop rares chez nous, et je ne veux pas
dire qu'on ne les trouve que chez nous. Mais je
puis affirmer que la culture de l'esprit scientifique
est le principe fondamental de l'éducation universitaire.

Si donc, Mesdames et Messieurs, vous voulez
faire de vos fils des citoyens indépendants et des
« hommes de bonne volonté », conservez fidèlement
aux collèges publics la confiance que vous leur avez
accordée.

VI

COMMENT FAUT-IL LIRE
SON JOURNAL?

COMMENT FAUT-IL LIRE SON JOURNAL ? (1)

La lecture du journal prend dans notre existence quotidienne une place considérable. Notre journal, c'est pour nous toute une bibliothèque : c'est un recueil de littérature, d'histoire et de politique. Le journaliste a pour mission de nous amuser, de nous instruire et de nous conseiller : comment s'acquitte-t-il de ce triple rôle ? Quel cas devons-nous faire des distractions, des informations, des directions qu'il nous donne ?

I

Les plaisirs intellectuels que nous offre la Presse sont de deux espèces : tout journal contient des « variétés » et des romans-feuilletons. Quelle est la valeur de ces productions ?

Les premières sont souvent inoffensives : vous pouvez vous livrer sans danger au petit jeu des

(1) Conférence faite à l'Université populaire de Rennes, le 7 janvier 1900.

charades ou des rébus. Des esprits éminents, des savants trouvent du plaisir dans la fabrication d'un mot carré. Et s'il est vrai que l'effort intellectuel peut être mieux utilisé, reconnaissons que cette gymnastique n'est pas nuisible au développement de nos facultés. — De même, je n'empêcherai personne de lire les « variétés littéraires » ou les « chroniques scientifiques » des journaux populaires : la curiosité qu'elles excitent n'est pas malsaine. Pourtant, ces articles sont trop souvent écrits par des auteurs pressés et incompétents pour vous donner sur les sujets qu'ils traitent des idées justes. Récemment, le *Premier Paris* d'un journal fort répandu était consacré à l'héritier présomptif du bey de Tunis ; l'auteur s'était borné à découper dans un livre quelques passages disparates, mais il avait cru devoir conclure par des réflexions personnelles sur les sentiments francophiles du « jeune prince » : or, ce « jeune prince » a cinquante ans. L'erreur, dans ces articles, est aussi fréquente que l'incohérence : ne comptez pas sur eux pour former votre goût et votre jugement.

Si je vous disais que les feuilletons vous procureront des joies plus pures, vous ne me croiriez pas. Aussi me dispenserais-je d'insister sur les défauts de ces romans s'ils étaient lus moins volontiers. Le plus grave de ces défauts, c'est l'indifférence à l'égard de la vérité. L'humanité réelle

est certainement moins perverse et moins violente
que celle des feuilletons : les trahisons, les meur-
tres, les viols y sont moins répétés et moins raffi-
nés. Peut-être en revanche la vertu y est-elle moins
candide. Mais en tout cas vertus et vices ont dans
la réalité un tout autre air. Le roman-feuilleton
n'est conforme à la réalité que lorsqu'il l'inspire ;
ses héros ne ressemblent aux hommes véritables
que lorsqu'ils suggèrent à ceux-ci le désir de les
imiter. Quand par hasard l'écrivain copie la réalité,
il l'affadit. Vous avez pu lire en feuilleton la dramatique aventure d'un garçon de recettes assommé,
puis incinéré par un champignonniste : ce long
récit ne valait pas le compte rendu sténographique
de l'affaire Carrara. Et de même tous les romans
sur l'espionnage ne valent pas la collection des
documents relatifs à l'affaire Dreyfus. Si vous voulez éprouver des émotions fortes, lisez le récit des
drames réels ; fréquentez les auteurs qui savent
peindre la vie sans tomber dans de ridicules exagé-
rations ou dans de plates banalités ; mais ce n'est
pas souvent au rez-de-chaussée de votre journal
que vous pourrez lire leurs écrits.

Il n'est pas jusqu'à la forme du feuilleton qui ne
soit faite pour fausser le jugement. Dans un
ouvrage bien composé, tout se tient, s'enchaîne et
s'explique ; dans le roman-feuilleton, le lien des
événements est souvent si lâche que l'esprit du

lecteur est vite en déroute. C'est que l'auteur se
soucie peu de présenter un récit vraisemblable ;
sa grande préoccupation est de prolonger son
œuvre tant qu'elle plaît aux abonnés ou rend service au journal. Ponson du Terrail (1), l'un des
plus grands fabricants de romans pour journaux
populaires, avertit un jour son directeur qu'il
vient de terminer son dénouement. — « Vous n'y
pensez pas ! répond l'autre : un 14 avril, la veille
du réabonnement ! Vos héros ne peuvent pas dis-
paraître avant quarante-huit heures ! — Je les ai
tués tous. — Ça m'est égal... Il nous faut une
suite à demain ». Ponson du Terrail réussit à
ressusciter l'un de ses héros. Et le roman continua :
ce n'est pas un miracle qui coûte aux romanciers.
— Même mépris de la vraisemblance dans le choix
des expressions. Ecoutez cette mère à qui l'on
vient de ravir son enfant (2).

« D'une voix stridente elle s'écrie : « Demandez donc
à la lionne ce qui se passe dans ses entrailles de mère
quand, rentrant dans sa tanière, elle ne retrouve plus
ses lionceaux qu'on lui a pris... tout d'abord elle rugit,
puis, les poils hérissés, elle s'élance, elle bondit à la
poursuite des ravisseurs. Malheur à eux si elle les
rejoint ! Elle les déchire, les broie, les met en pièces...
En cet instant, je ressemble à la lionne du désert ; c'est

(1 *Revue des Revues*, 1er octobre 1899, page 9.
(2) *Ibid.*, p. 7.

la même fureur, la même rage qui grondent en moi. Ah ! je les retrouverai, les misérables, les bandits qui m'ont pris mon enfant : alors j'aurai les dents terribles de la lionne et ses griffes sanguinaires ; je serai sans pitié, j'aurai la férocité de la bête de l'Atlas ! »

Vous sentez qu'une mère, en pareille circonstance, ne se livrerait pas à d'aussi longues ni à d'aussi ridicules déclamations ; peu lui importerait « ce qui se passe dans les entrailles » de la lionne du désert ! Mais peu importe à l'auteur ce qui se passe dans le cœur d'une mère ; peu lui importe la vérité.

C'est donc au détriment de votre goût et de votre jugement que vous liriez les romans de votre journal. Si vous désirez éprouver des joies intellectuelles, fréquentez les bibliothèques populaires, lisez des ouvrages de vulgarisation scientifique, des récits de voyage, des livres d'histoire. L'exploration des régions polaires par un Nansen ou celle de l'Afrique équatoriale par un Livingstone, voilà qui est plus dramatique que le plus passionnant des feuilletons. Et quel roman peut vous émouvoir plus vivement qu'une histoire comme la *Révolution* de Michelet ? Espérons que, lorsque vous pourrez lire aisément, à l'Université populaire, des livres plus respectueux à l'égard du vrai, vous ne vous laisserez pas prendre aux séductions grossières du roman-feuilleton.

II

De même vous trouverez ici soit des informa-
ns plus sûres que celles des journaux, soit les
moyens de contrôler les informations de votre
journal.

La presse fournit trois espèces de renseignements : elle enregistre des documents, elle raconte
les faits divers, elle insère des réclames.

Prenez-vous souvent connaissance des documents officiels ? lisez-vous chaque jour la statistique des actes de l'état civil ? Tenez-vous à savoir
quel cheval gagne aux courses, quel est le prix du
blé d'Afrique ou de la laine de Roubaix ? j'en
doute. Mais à l'occasion vous pouvez profiter de
ces renseignements : le journal n'a pas intérêt à
les falsifier. Sans doute l'erreur peut s'y glisser :
pendant plusieurs semaines consécutives, les lecteurs d'un de nos plus grands journaux ont pu
croire que le Destin s'amusait à exiger de Paris
un contingent invariable de typhiques et de vario-
leux : le chiffre des naissances, des maladies et des
décès se répétait tous les huit jours avec une
implacable fatalité : c'est que le rédacteur chargé
de ce service, au lieu d'aller quérir de nouveaux
documents, se bornait à reproduire une vieille
statistique. Mais, en général, ces chiffres sont

exacts : si vous voulez de temps à autre tâter le pouls de la société, vous trouverez dans la plupart des journaux, même les plus modestes, des renseignements véridiques.

Les « faits divers » attirent plus souvent votre curiosité : le récit d'un suicide, d'un crime ou d'un accident vous paraît moins aride qu'une colonne de chiffres. Mais prenez garde : il n'est pas d'erreur qu'un reporter ne puisse vous faire prendre pour une vérité. D'abord, tous les reporters ne sont pas habitués à faire la critique des faits dont ils sont témoins. Et nous sommes portés à altérer à notre insu les événements auxquels nous assistons. Voyez jusqu'où peut aller l'erreur d'observation : un historien, Froude, décrit en ces termes la ville d'Adélaïde qu'il a visitée : « Je vis à nos pieds dans la plaine, traversée par un fleuve, une ville de 150.000 habitants dont pas un n'a jamais connu et ne connaîtra jamais la moindre inquiétude au sujet du retour régulier de ses trois repas par jour ». Or, Adélaïde est bâtie sur une hauteur; aucune rivière ne la traverse ; sa population ne dépassait pas 75.000 âmes et elle souffrait d'une famine à l'époque où M. Froude la visita (1). La description n'est pas heureuse : M. Froude doit

---

(1) Langlois et Seignobos. *Introduction aux études historiques*, p. 101.

avoir de mauvais yeux et une mémoire détestable.
Mais croyez-vous que nos reporters soient souvent
mieux doués ?

En outre, quel que soit leur talent d'observateurs, ils se dispensent volontiers de l'utiliser ; au
lieu de raconter les faits auxquels ils ont assisté,
ils empruntent à d'autres leurs récits. Nos journaux se pillent mutuellement, et les nouvelles, en
passant d'un journal à l'autre, se dénaturent. A
quel point ? vous allez en juger. Devant une Commission parlementaire, M. Gréard, vice-recteur de
l'Académie de Paris, discutait l'opinion des adversaires de l'Université, et, après avoir examiné les
reproches qu'on adresse à notre enseignement, il
ajoutait : « Les critiques qui s'appliquent à l'éducation sont plus sévères encore : nous sommes
tout simplement incapables de la donner... » Une
revue reproduisit ces paroles en les commentant :
« Ces critiques, disait-elle, M. Gréard les a résu-
mées avec un accent douloureux : nous sommes
tout simplement incapables de donner l'éducation... » Et un grand journal, nullement ennemi
de l'Université, trouvant dans la revue cette phrase
détachée de celle qui l'amenait, s'empressa d'écrire :
« M. Gréard disait dans la fameuse enquête : Nous
sommes tout simplement incapables de donner
l'éducation... » On attribuait au chef de l'Académie de Paris l'opinion de ses adversaires : il

suffit que la pensée d'un homme passe par deux intermédiaires pour qu'un *oui* se transforme en *non*, un *non* en *oui.* Au début de la guerre sud-africaine, un caricaturiste montrait, dans une série de dessins, comment les nouvelles se métamorphosent : à Ladysmith on télégraphie : hélas ! à Londres, on reçoit : hurrah ! Cette caricature a la valeur d'un symbole : involontairement, faute de sens critique, le journaliste nous présente souvent le contre-pied de la vérité.

Volontairement il la déguise : combien sont rares les reporters qui ne tiennent pas à donner à leurs récits un tour personnel : du moindre fait divers chacun tire tout un roman : ne faut-il pas amuser le lecteur ? Voici le plus simple et le plus tristement banal des faits divers : j'en emprunte le récit à trois journaux très répandus, vous allez voir à l'œuvre l'imagination de nos nouvellistes :

1er Journal. — Un drame mystérieux, *dont le mobile n'a pas encore été bien établi*, a mis en émoi hier dans la matinée, les *paisibles* habitants de la rue V.

A 10 heures et demie, deux gardiens de la paix emmenaient au commissariat du quartier de*** une jeune fille, âgée de 15 ans, *qu'ils avaient vue sortir*, les mains et les vêtements ensanglantés, de l'immeuble portant le numéro 6 de cette rue. Le commissaire de police se rendit immédiatement à l'adresse indiquée.

Il trouva, *au 6e étage*, baignant dans une mare de sang, le corps d'un nommé Charles G., âgé de 27 ans, garçon de magasin. Ce dernier, qui avait été frappé de neuf coups de couteau *au visage, à la poitrine et dans le dos,* a été transporté... à l'hôpital.

... Le commissaire a procédé à l'interrogatoire de l'inculpée. C'est une nommée Georgette D., cartonnière, demeurant rue A., qui d'après la concierge de la rue V., rendait souvent visite au malheureux G. Georgette D. a prétendu que ce dernier n'avait été jusqu'à ce jour qu'un ami, mais *qu'hier matin, irrité de ses refus continuels, il avait voulu abuser de sa faiblesse.* Une violente querelle était survenue, au cours de laquelle, *pour se défendre,* Georgette avait saisi un couteau et en avait frappé plusieurs fois son agresseur. Puis, le croyant mort, affolée, *elle s'était enfuie.*

2ᵉ JOURNAL. — Un garçon de magasin, nommé Charles G., âgé de 27 ans, demeurant rue V., *entretenait depuis quelque temps des relations* avec une jeune fille de 15 ans, Georgette D., ouvrière cartonnière, habitant chez ses parents, rue A. *Il avait promis à Georgette de l'épouser,* mais après réflexion il reprit sa parole et annonça à *celle qui se considérait comme sa fiancée* que tout était fini entre eux. Georgette n'accepta pas cette brusque rupture sans récriminer. Elle s'est rendue hier matin chez G. *pour lui demander l'explication* de sa conduite à son égard. La discussion a été très vive, si vive même que Georgette, emportée par la fureur, a saisi un couteau qui se trouvait *sur une table* et en a frappé Charles à plusieurs reprises. *Des voisins sont accourus* aux appels du blessé qui gisait sur le parquet dans une mare de sang. *Ils ont désarmé la meurtrière* que des gardiens de la paix ont conduite... chez le commissaire de police.

3ᵉ JOURNAL. — *Où la passion va-t-elle se nicher ?* —

Une jeune fille de 15 ans, Georgette D., ouvrière cartonnière, *vient de jouer les grandes amoureuses délaissées* en lardant de coups de couteau son infidèle ami.

Charles G. est un simple garçon de magasin, qui habite, 6, rue V., une petite chambre située *au 3ᵉ étage*. Il n'était riche que d'amour puisqu'il possédait celui de la jeune personne *qui s'était donnée à lui à peine entrée dans la puberté*. Le garçon de magasin, *habitué à ces sortes d'aventures*, finit par dédaigner la jeunesse qui s'était *offerte* à lui.

Il trouva les raisins trop verts et *bons pour des gens plus distingués que lui* et surtout mieux en situation d'affronter la police correctionnelle. Il *rompit* donc avec la gamine.

Or, hier matin, *la Béatrix du carton-pâte venait pour demander des explications au Dante du crachoir.* G. qui *n'aime pas à être dérangé dans la digestion de ses amours*, même quand elles sont criminelles, reçut la jeune personne assez cavalièrement : — Non, mais alors quoi, plus moyen de s'amuser sans avoir des embêtements ?

Le garçon de magasin fit comprendre à la petite cartonnière qu'elle n'avait qu'une chose à faire pour s'éviter des ennuis : déguerpir au plus vite. Alors, dans un accès de colère *parfaitement légitime*, Georgette D. s'arma d'un *long couteau de cuisine* qui se trouvait *sur la cheminée* et en frappa *rageusement* G. qui fut très grièvement atteint *à la poitrine*.

Les voisins accoururent aux cris de la victime et *désarmèrent la jeune fille* qui fut arrêtée sur-le-champ. »

Sans doute tous les reporters n'ont pas l'imagination également féconde : vous donnerez, j'en suis sûr, la palme à l'auteur du troisième récit.

Mais quelle confiance pouvons-nous avoir dans la véracité de notre journal ? Nous pouvons, sans doute, affirmer que Georgette a frappé Charles. Mais pour quel motif ? Est-ce pour se défendre contre un attentat ou pour se venger d'une rupture ? La meurtrière était-elle l'amie, la fiancée ou la maîtresse de sa victime ? Nous n'en savons rien. Même incertitude à l'égard de faits matériels que chacun des reporters pouvait aisément constater : est-ce au troisième ou au sixième étage que le crime a été commis ? Charles a-t-il été frappé à la poitrine ou dans le dos ? Georgette a-t-elle été arrêtée dans la chambre de G. par des voisins, ou par des gardiens de la paix dans la rue ? S'est-elle ou ne s'est-elle pas enfuie après le crime ? Au lieu de faire une enquête pour connaître la vérité, le reporter a préféré nous donner son avis : la colère de Georgette est « parfaitement légitime » et ce pauvre Charles a la malchance non seulement d'être assassiné mais d'être calomnié ; on nous dit sans preuve qu'il était « habitué » à débaucher des mineures. Il est vrai que la jeune fille n'est pas mieux traitée puisqu'on l'accuse de « s'être offerte » au jeune homme. Les reporters, comme les feuilletonistes, nous dépeignent une humanité plus noire que nature ; c'est qu'ils ont tout aussi peu que les feuilletonistes le souci de la vérité.

Par malheur, ils ont parfois trop de complai-

sance pour l'erreur. L'intérêt financier du journal
est d'insérer les réclames trompeuses comme les
réclames sincères. Elles ne sont plus, de nos jours,
reléguées à la quatrième page. Elles envahissent
toutes les colonnes, elles se mêlent aux articles qui
engagent la responsabilité du journal. Aussi réciproquement les articles se transforment-ils en
réclames : certains journaux ont pris, paraît-il,
l'habitude de faire payer aux écrivains le compte
rendu de leurs ouvrages, même s'ils ne l'ont pas
sollicité : la critique littéraire elle-même devient
alors une affaire commerciale et nous n'avons pas
plus le droit de croire au mérite d'un ouvrage
loué dans notre journal qu'aux vertus d'un savon
qui, pour le même prix, reçoit le même honneur.
L'intérêt financier du journal est souvent d'insérer
des nouvelles sensationnelles; je ne dis pas : des
nouvelles exactes. Certaines feuilles, qu'on crie à
Paris sur la voie publique, sont vendues aux camelots d'autant plus cher qu'elles portent en manchette une nouvelle plus passionnante : il importe
donc chaque jour de découvrir — ou d'inventer —
un fait extraordinaire. Le procédé le plus simple,
pour fabriquer un évènement faux, consiste à cou-
dre ensemble deux faits exacts. Pendant la guerre
hispano-américaine, un journal parisien publia
certain jour cette « manchette » sensationnelle -
« Navire de guerre français coulé par les Améri

cains. » Grosse nouvelle, mais fausse nouvelle : le journal avait reçu deux dépêches : l'une annonçait qu'un navire français avait été abordé en mer par un bateau anglais ; l'autre qu'un vaisseau de commerce français, soupçonné de transporter de la contrebande de guerre, avait été visité par les Américains. Il suffisait de mêler les deux textes, en dramatisant le résultat, pour faire naître un *casus belli* entre la France et les États-Unis. Ce jour-là les camelots durent payer cher leur « papier ».

Les intérêts politiques du journal ne sont pas moins funestes pour la vérité ; la réclame électorale n'est pas moins mensongère que la réclame commerciale. Dans l'intérêt d'un parti on invente des faits inexacts, on omet des faits réels. Rappelez-vous un incident du procès de la Haute-Cour :

LE TÉMOIN. — Je n'ai pas entendu crier : « Vive Gamelle ! »

LE PROCUREUR GÉNÉRAL. — M. de F. a dit le contraire dans son compte rendu.

M. de F. — J'ai pris sans doute mes désirs pour des réalités. De même, si j'assistais à une réunion où l'on crierait beaucoup : « Vive la République ! » je dirais qu'on l'a crié très peu ; tous les journalistes en font autant.

Ne soyons pas si sévère pour la presse que ce représentant de la presse ; mais reconnaissons que beaucoup de journalistes « en font autant ». Tantôt, ils mutilent la réalité, tantôt ils l'agrémentent d'ornements qui la masquent; tantôt ils restreignent et tantôt ils exagèrent, suivant les besoins de leur polémique, la portée d'un événement. Enfin, ils savent d'un fait particulier tirer des conclusions très générales : témoin ce publiciste qui, découvrant en Angleterre neuf journaux possédés par des Juifs, affirmait que « toute la presse » anglaise, sans compter celle des autres pays, est « aux mains des Juifs ». Je ne voudrais pas vous inspirer le dégoût des idées générales ; mais les idées générales que vous trouvez dans les journaux sont trop souvent obtenues par des raisonnements sophistiques pour enrichir votre esprit de connaissances fécondes.

Devons-nous conclure qu'il ne faut pas lire les journaux ? La conclusion serait excessive. Mais il faut les lire avec méthode. La première règle de cette méthode, c'est qu'il faut lire non pas un journal mais plusieurs journaux : leurs erreurs particulières s'éliminent mutuellement; et l'on peut, à l'aide de l'un, combler les lacunes de l'autre et réciproquement. En outre, la comparaison nous permet d'établir, entre les diverses feuilles, une hiérarchie partant des moins fantaisistes pour aboutir aux plus fallacieuses. Les premières ne nous donnent aucune nouvelle sans indiquer sa source ;

elles font même parfois la critique de leurs propres informations, nous avertissent que telle dépêche paraît imparfaitement transmise, que telle autre semble avoir été mutilée par la censure, qu'il faut redouter les erreurs commises par telle agence télégraphique, que tel fait n'est annoncé que « sous les plus expresses réserves » ; autant que possible elles publient *in extenso* les documents importants. Les autres ne mettent jamais de nuances dans leurs affirmations ; elles ne reculent devant aucune invraisemblance, sauf à démentir le lendemain, si elles y songent, la nouvelle qu'elles ont forgée la veille ; elles ne publient des documents importants que les passages qui ne les gênent pas. Voilà pourquoi les cercles populaires, en vous fournissant l'occasion de comparer les récits des divers journaux, vous donneront l'habitude de discerner, parmi leurs erreurs, quelques vérités.

III

La troisième fonction du journaliste, c'est une fonction pédagogique : le journal donne à ses lecteurs sinon des préceptes du moins des conseils ; il les conduit à la salle de vote et les fait descendre dans la rue ; il leur dicte leurs acclamations et leurs cris de mort ; il est le directeur de leur conscience politique. — Cette mission est très noble :

honneur à ceux qui s'en acquittent avec conscience et clairvoyance. Mais sont-ils nombreux ?

Par cela même que beaucoup de journaux remplissent mal leur fonction d'informateurs, ils remplissent mal leur fonction d'éducateurs. Les préceptes reposent sur les faits : si les faits sont inexacts, les préceptes ne sont pas justes. Nous ne nous attacherions pas à la politique d'un homme d'État médiocre ou malhonnête si notre journal nous racontait ses maladresses ou ses crimes. Nous ne voudrions pas combattre un homme d'État probe ou habile si notre journal nous révélait son talent ou sa vertu. Pour s'enrégimenter dans un parti politique il faut croire que ce parti donnerait aux questions de l'heure présente les solutions les plus justes et les plus pratiques : il faut donc savoir exactement comment se posent ces questions, c'est-à-dire qu'il faut connaître les faits sociaux qui les suggèrent. Mais si notre journal dénature ces faits, énonce mal ces questions, les solutions qu'il nous propose ne seront ni les plus justes ni les plus pratiques. Des journalistes qui paraissent ignorer les révolutions opérées dans l'industrie par la disparition des petits ateliers et l'invention des machines peuvent-ils nous suggérer une opinion convenable sur la question sociale ? Des journalistes qui paraissent ignorer les massacres d'Arménie peuvent-ils suggérer une opinion convenable sur la question

d'Orient ? Notre conduite politique dépend étroitement de la connaissance des faits passés et pré-
sents ; nous n'avons pas le droit de choisir *a priori*
les principes de notre vie civique ; nous devons
les tirer d'une étude réfléchie de l'état social. Et
quiconque nous trompe sur l'histoire d'hier et d'aujourd'hui est indigne de nous aider à faire l'histoire
de demain.

Pourtant, abstraction faite de ses erreurs, consi-
dérons les préceptes ou les conseils du journaliste :
à quel signe reconnaîtrons-nous leur valeur ? Je
crains que trop souvent vous ne prêtiez l'oreille à
la voix des plus violents, je ne dis pas : des plus
hardis ; ce sont les plus violents qui paraissent être
les plus convaincus, et vous pensez sans doute que
les conseils les plus sincères sont les meilleurs.
Mais, outre que la violence n'est pas le signe
infaillible de la sincérité, il ne suffit pas d'être
sincère pour donner de bons conseils. Ce n'est
pas tout d'être convaincu : encore faut-il que la
conviction soit légitime. Ce n'est pas tout d'être
consciencieux : encore faut-il que la conscience
soit éclairée. Or, les violents sont aveuglés par la
passion. Quel que soit le talent d'un publiciste,
quelle que soit même sa sincérité, défiez-vous de
ses conseils si son langage n'est pas modéré.

Mais ce signe est insuffisant : de deux écrivains
également calmes lequel prendrez-vous pour guide ?

Celui dont les articles vous donneront des faits
l'explication la plus satisfaisante ; celui qui, à l'appui de ses idées, vous apportera les preuves les
plus précises et les plus logiques. Si vous voulez
choisir avec discernement votre mentor politique,
ne lisez les « articles de fonds » qu'après avoir
pris connaissance des faits qu'ils interprètent ; ne
lisez la première page qu'après la seconde ; avant
de savoir ce que pense votre journal de la dernière
séance de la Chambre, cherchez à savoir — par la
méthode que je vous indiquais tout à l'heure —
quelles paroles ont été prononcées dans cette
séance. En vous présentant ses réflexions sur un
fait avant de vous livrer le fait lui-même, le journal vous inculque un préjugé, il vous circonvient
en faveur de l'interprétation qui est la sienne mais
qui n'est pas nécessairement la vraie. Déjouez
cette tactique : allez droit aux faits et, les faits
connus, demandez-vous si votre journaliste les a
correctement interprétés : jugez-le d'après l'exactitude de son commentaire et n'acceptez à l'avenir
ses suggestions que si dans le passé ses idées vous
ont paru se modeler sur la réalité.

D'autre part exigez de lui des preuves. S'il critique l'une de nos institutions, l'un de nos partis
politiques ou l'un de nos hommes d'État, qu'il ne
se contente pas d'insinuations ou d'épithètes : qu'il
cite des faits, indique la source de ses renseigne-

ments, fournisse des références précises (1). La presse qui semblait faite, à sa naissance, pour favoriser le libre examen, est trop souvent aujourd'hui disposée à le combattre. Certains journaux promulguent chaque jour une multitude de dogmes, si l'on entend par dogme une opinion imposée sans être démontrée. Et ces mêmes journaux fulminent chaque jour des bulles d'excommunication qui ne sont pas plus motivées que leurs dogmes. Ils n'accusent pas leurs adversaires de pactiser avec le diable, mais ils l'accusent de « pactiser avec l'étranger, — avec la réaction, — avec l'anarchie ». L'intolérance a revêtu de nouvelles formes, mais elle est toujours l'intolérance. Et les journaux qui persistent à attribuer aux opinions de leurs adversaires des causes impures sont les champions les plus ardents du fanatisme : ne les lisez pas. La « bonne presse » n'est pas celle qui dogmatise et excommunie ; s'il est une presse qui mérite ce nom, c'est celle qui critique sans outrager et qui n'affirme rien sans prouver.

Quelles conclusions tirer de notre étude ? Qu'en

(1) On pourra nous reprocher de violer nous-même cette règle puisque nous n'avons pas même nommé les journaux auxquels sont empruntées les citations précédentes. Mais les auditeurs de cette conférence, voyant ces journaux entre nos mains, avaient sous les yeux la preuve de nos assertions. Et notre rôle n'est pas de faire de la propagande auprès de nos lecteurs *pour* (ou *contre*) telle ou telle gazette.

lisant son journal chacun de nous doit détourner les yeux du feuilleton, lire d'abord la seconde page où sont les informations, comparer entre eux les récits des divers journaux, réfléchir sur les faits afin de se former une opinion personnelle, jeter enfin, à l'occasion, un regard sur les opinions d'autrui. Cherchez vos plaisirs intellectuels ailleurs que dans la lecture des gazettes : vous les trouverez dans les bibliothèques populaires ; et vous trouverez dans les cercles populaires un nombre assez grand de journaux disparates pour pouvoir vous habituer à critiquer leurs récits. Quant aux conseils que le journal vous suggère, le mieux serait de vous en passer : les journalistes sont des hommes comme nous, exposés à nos passions et à nos erreurs : il est rare que leurs articles, écrits à la hâte, aient plus de profondeur que les réflexions d'un esprit moyen ; vous pouvez donc vous affranchir de leur tutelle et diriger votre conduite politique d'après les inspirations de votre raison. Si vous adoptez cette attitude, si vous n'acceptez jamais sans examen les assertions et les recommandations de votre journal, vous deviendrez des esprits libres. Précisément parce que la presse joue dans notre société un rôle important, nous suggère la solution de tous les problèmes sociaux, nous dicte même nos attitudes, nos votes et nos opinions, il importe de mettre à l'épreuve son autorité : la

valeur de nos sympathies et de nos antipathies
politiques, l'exactitude ou l'inexactitude de nos
idées, la correction ou l'incorrection de notre
conduite, en un mot la moralité ou l'immoralité
de notre vie sociale dépend du choix d'un journal
et de la surveillance que nous exerçons sur le
journal choisi. Les journaux mentiraient moins
souvent s'ils croyaient leurs mensonges inefficaces.
Mais c'est à nous d'y remédier : profitons de la
lecture quotidienne du journal pour exercer notre
esprit critique : plus il y aura de vérité dans notre
esprit, plus il y aura de justice dans la Société.

TABLE DES MATIERES

IMPRIMERIE-LIBRAIRIE PARISIENNE, 28, RUE MARCADET

EXTRAIT DU CATALOGUE

Devoirs, conférences de morale individuelle et de morale sociale, par B. JACOB, 1 volume in-18, 453 pages. . . . . .   6 fr.   »

Lettres d'un Philosophe, précédées de souvenirs de C. BOUGLÉ, par B. JACOB, 1 volume in-18, 216 pages . . .   4 fr. 90

Pour l'École laïque, par B. JACOB (préface de Ferdinand BUISSON), 1 volume in-16, 192 pages . . . .   1 fr. 50

L'Éducation de la Démocratie française, par Léon BOURGEOIS, 1 volume in-16, 288 pages . . . .   3 fr.   »

La Liberté de l'Enseignement, par E. BOURGEOIS, 1 volume in-16, 276 pages . . . .   3 fr.   »

Pour l'Université républicaine, par Maurice FAURE, 1 volume in-16, 182 pages . . . .   3 fr.   »

La Mutualité à l'École, par H. GILBAUT (Préface de J.-C. CAVÉ). Une brochure in-8, 74 pages . . . .   1 fr. 50

La Patrie, la Guerre et la Paix à l'École, par H. HAUSER, 1 volume in-16, 90 pages . . . . !   1 fr. 50

La Loi Falloux, par A. HUC, 1 volume in-16. 348 pages.   3 fr.   »

La Question de l'Enseignement secondaire en France et à l'Etranger, par CH.-V. LANGLOIS, 1 volume in-16, 148 pages . . . .   2 fr   »

L'Enseignement et la Politique, par G. LANSON, une brochure in-16, 32 pages. . . . .   0 fr. 60

L'Enseignement professionnel en France au début du vingtième siècle, par R. LEBLANC, 1 volume in-16, 338 pages . . . .   4 fr. 50

Chez les Étudiants populaires, par Edouard PETIT, 1 volume in-16, 192 pages. . . . .   1 fr 50

La Pratique de l'Education scolaire, par H. PEYSONNIÉ, 1 volume in-16, 230 pages. . . . .   3 fr.   »